U0563236

近代经济生活系列

流民史话

A Brief History of Vagrants in China

池子华 / 著

社会科学文献出版社
SOCIAL SCIENCES ACADEMIC PRESS (CHINA)

图书在版编目（CIP）数据

流民史话/池子华著. —北京：社会科学文献出版社，2011.5
（中国史话）
ISBN 978 - 7 - 5097 - 1955 - 8

Ⅰ.①流…　Ⅱ.①池…　Ⅲ.①流动人口 - 研究 - 中国 - 近代　Ⅳ.①C924.24

中国版本图书馆 CIP 数据核字（2011）第 075978 号

“十二五”国家重点出版规划项目

中国史话·近代经济生活系列

流民史话

著　　者 / 池子华

出 版 人 / 谢寿光
总 编 辑 / 邹东涛
出 版 者 / 社会科学文献出版社
地　　址 / 北京市西城区北三环中路甲 29 号院 3 号楼华龙大厦
邮政编码 / 100029

责任部门 / 人文科学图书事业部（010）59367215
电子信箱 / renwen@ ssap. cn
责任编辑 / 赵晶华　东　玲
责任校对 / 李　睿
责任印制 / 郭　妍　岳　阳
总 经 销 / 社会科学文献出版社发行部
（010）59367081　59367089
读者服务 / 读者服务中心（010）59367028

印　　装 / 北京画中画印刷有限公司
开　　本 / 889mm×1194mm　1/32　印张 / 5.75
版　　次 / 2011 年 5 月第 1 版　字数 / 104 千字
印　　次 / 2011 年 5 月第 1 次印刷
书　　号 / ISBN 978 - 7 - 5097 - 1955 - 8
定　　价 / 15.00 元

《中国史话》编辑委员会

总 序

中国是一个有着悠久文化历史的古老国度，从传说中的三皇五帝到中华人民共和国的建立，生活在这片土地上的人们从来都没有停止过探寻、创造的脚步。长沙马王堆出土的轻若烟雾、薄如蝉翼的素纱衣向世人昭示着古人在丝绸纺织、制作方面所达到的高度；敦煌莫高窟近五百个洞窟中的两千多尊彩塑雕像和大量的彩绘壁画又向世人显示了古人在雕塑和绘画方面所取得的成绩；还有青铜器、唐三彩、园林建筑、宫殿建筑，以及书法、诗歌、茶道、中医等物质与非物质文化遗产，它们无不向世人展示了中华五千年文化的灿烂与辉煌，展示了中国这一古老国度的魅力与绚烂。这是一份宝贵的遗产，值得我们每一位炎黄子孙珍视。

历史不会永远眷顾任何一个民族或一个国家，当世界进入近代之时，曾经一千多年雄踞世界发展高峰的古老中国，从巅峰跌落。1840 年鸦片战争的炮声打破了清帝国“天朝上国”的迷梦，从此中国沦为被列强宰割的羔羊。一个个不平等条约的签订，不仅使中国大量的白银外流，更使中国的领土一步步被列强侵占，国库亏空，民不聊生。东方古国曾经拥有的辉煌，也随着西方列强坚船利炮的轰击而烟消云散，中国一步步堕入了半殖民地的深渊。不甘屈服的中国人民也由此开始了救国救民、富国图强的抗争之路。从洋务运动到维新变法，从太平天国到辛亥革命，从五四运动到中国共产党领导的新民主主义革命，中国人民屡败屡战，终于认识到了“只有社会主义才能救中国，只有社会主义才能发展中国”这一道理。中国共产党领导中国人民推倒三座大山，建立了新中国，从此饱受屈辱与蹂躏的中国人民站起来了。古老的中国焕发出新的生机与活力，摆脱了任人宰割与欺侮的历史，屹立于世界民族之林。每一位中华儿女应当了解中华民族数千年的文明史，也应当牢记鸦片战争以来一百多年民族屈辱的历史。

当我们步入全球化大潮的21世纪，信息技术革命迅猛发展，地区之间的交流壁垒被互联网之类的新兴交流工具所打破，世界的多元性展示在世人面前。世界上任何一个区域都不可避免地存在着两种以上文化的交汇与碰撞，但不可否认的是，近些年来，随着市场经济的大潮，西方文化扑面而来，有些人唯西方为时尚，把民族的传统丢在一边。大批年轻人甚至比西方人还热衷于圣诞节、情人节与洋快餐，对我国各民族的重大节日以及中国历史的基本知识却茫然无知，这是中华民族实现复兴大业中的重大忧患。

中国之所以为中国，中华民族之所以历数千年而不分离，根基就在于五千年来一脉相传的中华文明。如果丢弃了千百年来一脉相承的文化，任凭外来文化随意浸染，很难设想13亿中国人到哪里去寻找民族向心力和凝聚力。在推进社会主义现代化、实现民族复兴的伟大事业中，大力弘扬优秀的中华民族文化和民族精神，弘扬中华文化的爱国主义传统和民族自尊意识，在建设中国特色社会主义的进程中，构建具有中国特色的文化价值体系，光大中华民族的优秀传统文化是一件任重而道远的事业。

当前，我国进入了经济体制深刻变革、社会结构深刻变动、利益格局深刻调整、思想观念深刻变化的新的历史时期。面对新的历史任务和来自各方的新挑战，全党和全国人民都需要学习和把握社会主义核心价值体系，进一步形成全社会共同的理想信念和道德规范，打牢全党全国各族人民团结奋斗的思想道德基础，形成全民族奋发向上的精神力量，这是我们建设社会主义和谐社会的思想保证。中国社会科学院作为国家社会科学研究的机构，有责任为此作出贡献。我们在编写出版《中华文明史话》与《百年中国史话》的基础上，组织院内外各研究领域的专家，融合近年来的最新研究，编辑出版大型历史知识系列丛书——《中国史话》，其目的就在于为广大人民群众尤其是青少年提供一套较为完整、准确地介绍中国历史和传统文化的普及类系列丛书，从而使生活在信息时代的人们尤其是青少年能够了解自己祖先的历史，在东西南北文化的交流中由知己到知彼，善于取人之长补己之短，在中国与世界各国愈来愈深的文化交融中，保持自己的本色与特色，将中华民族自强不息、厚德载物的精神永远发扬下去。

《中国史话》系列丛书首批计200种，每种10万字左右，主要从政治、经济、文化、军事、哲学、艺术、科技、饮食、服饰、交通、建筑等各个方面介绍了从古至今数千年来中华文明发展和变迁的历史。这些历史不仅展现了中华五千年文化的辉煌，展现了先民的智慧与创造精神，而且展现了中国人民的不屈与抗争精神。我们衷心地希望这套普及历史知识的丛书对广大人民群众进一步了解中华民族的优秀文化传统，增强民族自尊心和自豪感发挥应有的作用，鼓舞广大人民群众特别是新一代的劳动者和建设者在建设中国特色社会主义的道路上不断阔步前进，为我们祖国美好的未来贡献更大的力量。

陈奎元

2011年4月

⊙池子华

作者小传

池子华，1961年生，安徽涡阳县人。1985年本科毕业于安徽师范大学历史系。1991年考入南京大学攻读博士学位研究生，师从著名历史学家茅家琦教授、方之光教授治中国近现代史。1995年12月任安徽师范大学历史系副教授。1996年7月任河北大学历史系教授。现任教育部普通高等学校人文社会科学重点研究基地苏州大学中国农村城镇化研究中心、华中师范大学中国近代史研究所、南京大学中华民国史研究中心、上海师范大学近代中国社会研究中心、阜阳师范学院皖北文化研究中心兼职教授，苏州大学社会学院教授、博士研究生导师、红十字运动研究中心主任、历史所所长。出版专著有:《中国近代流民》、《张乐行评传》、《晚清枭雄苗沛霖》、《中国流民史：近代卷》、《流民问题与社会控制》、《红十字与近代中国》、《农民工与近代社会变迁》、《旷世名相曾国藩》、《咸丰十一年》等。

目录

一　不要问我从哪里来

流民种种

有一首歌唱道："不要问我从哪里来，我的故乡在远方。为什么流浪，流浪远方，流浪……"这几句歌词，用在我们所说的话题——"流民"上看来挺合适。

流民不仅当代有，古代、近代也司空见惯。奉献给读者的这本小书，叙说的是近代中国的流民。

这里，首先应弄清什么是"流民"。

从字面上讲，"流"是流亡、流浪、流动的意思，"民"则有广义、狭义之分。广义的"民"包括士（文人）、农（农民）、工（手工业者及工人）、商（商人）"四民"；狭义的"民"专指依靠土地从事农业生产的劳动人口，即农民。"流民"的"民"，取其狭义。由此我们可以说，在封建农业时代，"流民"是指丧失土地而无所依归的人群。这样界定比较笼统，而且远不是"流民"意义的全部。如二十四史中有一部《明史》，即把因饥荒年岁或兵灾而逃亡他乡者称为"流民"；清代的杨景仁也说，"流民者，饥民也"；又据1906年11月17日的《时报》载，山东黄河沿岸一带，土地贫瘠，经常闹水灾，每到冬天，这里的农民便结队四出求乞，人多称之为“流民”。就是说，“流民”还包括灾民和四出求乞的乞丐。由于近代历史条件较之古代发生重大变化，所以“流民”的意义还要宽泛些，即包括了因城市近代化的吸力以及自然经济的解体所产生的推力而盲目流入城市谋生的农民。综合起来，所谓“流民”，其涵义有这么四个方面：

丧失土地而无所依归的农民；

因饥荒年岁或躲避战乱而流亡他乡的农民；

四出乞讨的农民；

因自然经济解体的推力和城市近代化的吸力而盲目流入城市谋生的农民，尽管他们有的可能还保有小块土地。

其中，前三个方面与“古代流民”没有本质性的区别，只有第四个方面才使流民具有“近代”色彩。本书中的“近代流民”一词，有时特别点明其属性，有时比较笼统，可据此做出判断。通常情况下，“近代”即“近代时期”，指时间概念而言，这是要加以说明的。上述几个方面可能有交叉，但无关紧要。

根据以上界定，“流民”与近代常用语“农民离村”并没有重大差别。至于“流民”与“游民”、“移民”、“流动人口”之间的关系，在此也附带做些区分。

“游民”一般指混迹于城市乡村、无固定职业的流动人口。其主要成分有失去土地无以谋生的农民，有失去职业的工人，有散兵游勇，有游手好闲之徒等。

显而易见，“流民”并不能等同于“游民”。“游民”涉及的面比较宽，“流民”只是“游民”的一个主要来源。但两者关系至为密切，所以1935年出版的《益世报》上，就出现了“游手好闲的流民”这样的话。实际上，“流民”可以说是“游民”的前身，其转化的条件是“流民”没能找到营生的门径。由于从“流民”到“游民”之间，没有明确的界线，史料和著述中常常混为一谈，也是可以理解的。

“移民”，指一定数量的人口由于政治、军事、经济以及自然条件等方面的因素，永久地或暂时地从一个区域移往另一个区域，以改变自身所处的社会境地或获得更多的生活资料或更为满意的生存环境。移民有“自发移民”的说法，所谓“自发移民”，就是“流民”了，也就是现在所说的“盲流”。

“流动人口”，通常指城市中非常住人口，包括到该城市游览、办事、出席会议、探亲访友或途经作短暂停留以及从事短期、季节性工作（如建筑施工）等的外地人口。就是说，“流民”也是“流动人口”的一种。

“流民”的涵义弄清了，接下来转入我们要说的话题。

2 哀哉，中国古代流民

要清晰再现近代流民的情状，还应该稍费笔墨，对中国古代流民做一扫描，这样读者就不会对近代流民的述说感到太突然。

在古代中国，流民现象一向被视为社会“病态”，这种认识实际上在近代也很普遍。原因似乎很简单。原来，中国社会是“乡土性”的。中国的传统文化“五谷文化”就深深根植于这块“乡土”之中。五谷文化的特点是世代定居，就是“安土重迁”，世代定居是常态，迁移流动是变态。流民现象，与古代中国安土重迁的文化传统背道而驰，理所当然是“病态”。这样说来，显得过于粗率。我们不妨沿着历史的轨迹，去寻寻“根”。

学过中国古代史的人都知道，从奴隶制时代的中、后期起，中国的生产方式就由“迁移农业”逐步转变为定耕农业。人们结束了漂泊不定的迁移流动生涯而定居下来，从事农业生产。进入封建社会，迁移农业差不多成了历史的陈迹，定耕农业占据了绝对优势，人们也随之在一个地方永久性地居住下来。这一转变的完成，首先是由于生产力的发展，其次也由于人口的增殖和人口密度的加大。随着地理空间越来越充分地被人们占有，“迁移农业”赖以进行的自然基础也就不复存在了。伴随着这种种变化，中国社会经济结构的主要形态也由西周时期以井田制为基础的领主经济转变为战国以后以土地私人占有和自由买卖为基础的地主经济，在这种封建地主土地私有制基础上发展起来的个体小生产农业成为中国古代基本的生产方式。

在这种生产方式下，土地成了社会最基本的生产资料。“土，吐含万物”，农民各种生活所需，直接、间接都要从土地上获得，这是他们安身立命之本。同时，土地与其他财富不一样，它用不着担心被抢劫、偷盗、焚毁和损坏，既可生利，又容易保管，是一种最可靠的财富，并成为各种财富的最后归宿。

土地对农民如此重要，农民和土地之间自然存在着特有的“亲缘关系”。1911 年，美国威士康辛大学的一位农业学家金（King）曾在中国、日本调查农业，写了一本《五十个世纪的农民》，以土地为基础，对中国文化作了一番描述，说中国人像是整个生态平衡里的一环。这个循环就是人和土的循环。人从土里出生，食物取之于土，泻物还之于土；一生结束，又回到土地。一代又一代，周而复始，靠着这个自然循环，人类在这块土地上生活了五千年。

“有土斯有财”。没有土地，农民将无以为生。正因为如此，农民对土地有着深深的依恋之情。对一个农民来说，没有比丧失土地的打击更严重的了。那块生养他的土地，无论是多么贫瘠荒凉，在他们的心目中总是世界上最美好、最神圣的地方；只要有一线生机，他们绝不会离开。有些人宁愿饿死，也不愿抛别故土。人和土地，或者说劳动者和生产资料，如此紧密地结合在一起，这在其他生产方式下是少见的。正是这种“恋土”，还有“重农抑商”的政策，强化中国农民“安土重迁”的特性。“生于斯，长于斯，终老于斯”，就是这种特性的绝妙注脚。有一位名叫刻塞令（Count Keyserling）的哲学家，在中国内地乡村进行考察后，写了一本《一位哲学家的旅行日记》（*Travel*

Diary of a Philosopher），对这种特征，也可以说是中国的国民性，作了生动的描述，读来颇耐人寻味。他说，中国的人民，无论是生还是死，都不肯轻易离开祖遗的田地一步。照他们的行为看来，正仿佛人是属于土的，并非土属于人了；而且，他们那种死守家园的固执情形，也好像他们的土地始终不肯放他们离开。他们无论人口怎样增多着，总是居留原处，利用加倍的劳动，来苛索自然所赐的吝啬的礼物；等到死后，他们回到母胎——土地，更永久地继续住在那里……他们以为土地在显露着他们祖先的精神，更以为对他们勤劳的报答和怠惰的谴责，都在他们祖先的掌握之下。所以这些祖遗的土地，既是他们的历史，更是他们的备忘录。

中国古代农民是属于土的，土生土长，长出了中国历史，也长出了中国传统文化。

> 万物土中生，离土活不成。
>
> 田地是活宝，人人少不了。
>
> 田地是黄金，有了才松心。

这些发自农民内心的质朴语言，正可见土地在农民心目中的神圣地位。在民间神灵的崇拜中，“土地神”因此成了农民心目中最亲切的神。往昔在汉族聚居的地方，几乎找不到没有土地庙的村落。庙里的偶像，衣冠简朴，成双成对，以至家室齐全，老幼满堂。这些塑像，正象征着农民执著地扎根于乡土的心态。

对统治者而言，农民能“安居”、“乐业”，当然有利于他的统治。于是“无旷土”（没有荒废的土地）、“无闲民”（没有流民）成了盛世的象征。

事实上，农民和土地的“亲缘关系”经常被割断，于是流民现象发生了。

说到古代流民，我们不由自主地想到元朝人张养浩的《哀流民操》：

> 哀哉流民，为鬼非鬼，为人非人。哀哉流民，男子无缊（音 yùn）袍，妇女无完裙。哀哉流民，剥树食其皮，掘草食其根。哀哉流民，昼行绝烟火，夜宿依星辰。哀哉流民，父不子厥子，子不亲厥亲。哀哉流民，言辞不忍听，号泣不忍闻。哀哉流民，朝不敢保夕，暮不敢保辰。哀哉流民，死者已满路，生者与鬼邻。哀哉流民，一女易斗粟，一儿钱数文。哀哉流民，甚至不得将，割爱委路尘。哀哉流民，何时天雨粟，使汝俱生存。哀哉流民！

这段文字，将流民衣衫褴褛、忍饥流离、卖儿卖女、妻离子散的悲惨境况，描绘得淋漓尽致。

流民可哀，流民可悲，流民可泣，流民经常的大量的存在，使中国诗词文人赋出几多《哀流民》、《流民叹》之类的咏叹调。

流民问题是古代中国的老大难问题。在这片古老的土地上，曾经孕育了多少流民，谁也无法精确统计，但“数万”、“数十万”乃至“数百万”等笼而统之的记载，却不绝于史籍。如唐末政散民流，户部版籍（户籍），仅存虚名；元代，流民常达全体居民的1/3以上；明代，在全国的6000万在籍人口中，至少约有600万人成为流民。流民问题的严重性可以想见。

农民和土地，或者说劳动者和劳动对象的分离，完全出于无奈。无奈之民，流离逃亡，奔走异乡，当然有不得已之由，值得注意的有以下几个方面：

其一，土地兼并。这是封建土地所有制无法治愈的一个痼疾。只要土地私有制存在，土地兼并的狂潮就无法遏制。如西汉成帝时，地主官僚大占良田，丞相张禹就掠买田地达400顷；商人秦杨田甲一州。佛寺、道观也广占田地，侵损百姓，如唐代有“十分天下之财而佛有七八”之语。地主、官僚、贵族、商人、高利贷者相互勾结，肆行兼并，以致富者田连阡陌，贫者无立锥之地。大量农民破产失业，要么沦为佃户，要么背井离乡，“富户侵占民田，以致贫者流离转徙”，就揭示了土地兼并与农民远走他乡之间的关系。

其二，沉重的赋役负担。中国古代农民的负担一般很重，如西汉赋税就田租一项而言，还是比较轻的，但人口税相当重，小农地少人多，往往力不能胜。至于徭役，更使农民不堪重负。据估计，五口之家，起码有两人须服徭役。服役的地方，近的数千里，远的过万里，农桑失时，迫使自耕农破产流亡。唐后期，法令不一，赋敛不时；元朝科差、税粮、杂泛等项，压得农民透不过气来，在这种情况下，全家只好相聚商量对策：“今日尚矣，明日将如何矣？吾血肉不堪以充赋税，吾老幼不足以供赁佣，与其闭口而死，曷若苟延岁月以逃！”大意是，挨过今天，明天怎么办？赋税奇重，自身力疲不支，老幼难耐役使，与其重迫而死，还不如逃往他乡。这番话，说出了封建国家苛政暴敛与农民逃亡之间的关系。

在部分自耕农民破产流亡后，历代统治者为确保其经济利益，往往采取“摊逃”政策，即将流亡农民的赋役负担转嫁到尚未破产逃亡者身上。西汉“后（逃）亡者为先亡者服事”；唐末“凡十家之内，大半逃亡，亦须五家摊税”；元代“在户替代逃户差发”，以及明代的“陪纳”，都是这种情况的具体反映。农民不堪重负，未逃亡的农民也被迫走上逃亡之路。于是，流民愈多则自耕农负担愈重，自耕农负担愈重则流民愈众，流民问题愈严重，形成一个恶性循环。

其三，天灾人祸。中国的农家经济本来极其脆弱，经不起天灾人祸的打击，然而，古代中国偏偏是一个灾荒频仍、战乱纷起的国度。以灾害论，水、旱、虫、风、雪、霜、雷、雹、地震等自然灾害，重复摧残脆弱的农家经济，每遇灾荒，农民流离死散，形成一股又一股的流民潮。据已故著名经济史学家傅筑夫先生统计，自公元前 206 年（汉高祖元年）起，至公元 1644 年（明崇祯十七年）止，一千八百五十年间重灾年份竟有一千二百四十二年之多。天灾可以说是古代中国农民“流散道路”的强劲推力。至于人祸，特别是兵燹（音 xiǎn）代代有之，年复一年，战火不息。为逃避战乱，农民不得不流离四散。如西晋末年因永嘉、五胡之乱，大批流民涌向辽东、西北、江南地区；东晋苏峻之乱，农民流离四散；唐末连年征战，农民“比屋流散”。类似记载，摭（音 zhí）拾可得。战火烧焦了土地，打乱了农业生产的时序，农民非死即徙。

中国历史上大小规模的战乱数百次，每次战乱莫不把无数无奈之民强行推向无所依归的无极之路。

流民流离失所，就他们空间运动的方向而言，主要采取以中原为中心的波浪式离心运动，中原文化因而得以扩散。同时，由于北方少数民族不断进犯中原，如两晋、南北朝、宋元时期压迫汉民族渡江南下，因此流民迁徙表现出“北进南退”的特点。这些无奈之民，有的在饱尝流离之苦后返归原乡，有的则走上了不同的生活道路。一是成为“流庸”，即远离家乡为人耕作，他们又被称为“客户”。一是流向边远地区种山垦殖，如明代荆襄地区，界连数省，川陵蔓延，山林深险，土地肥沃，曾吸引四川、陕西、山西、河南等省大批流民进入该地区。一是沦为无业游民，寄生社会，扰乱社会，成为社会生活中不安定的因素之一。一是“亡逃山林”，转化为与官府对抗的力量。中国历史上农民起义、暴动不绝如缕，差不多都与流民经常的大量的存在有着密切的关系。

流民问题是困扰古代中国的一大社会问题。流民问题的严重程度历来是世之盛衰的一杆标尺。对封建统治者来说，要使王朝长治久安，必须把农民束缚在土地上，使之“安居”“乐业”，维持农民和土地之间的必要联系。一旦联系中断，农民丧失了土地，不仅使朝廷赋役无着，而且大量流民势必走上“啸聚山林”、“铤而走险”的道路，成为王朝更迭的重要力量。为了维持封建统治，历代统治者均采取相应的经济政策，进行调节、控制。其中，行之数世的均田制即由此而兴。

还在西汉哀帝时，有人就提出“限田”主张，以限制豪强地主对土地的兼并，虽然切中时弊，但因遭到贵族官僚的反对而未得实行。北魏建立后，针对豪强地主肆意霸占田产、农民困饥流散的时弊，大臣李安世上奏魏高祖，建议施行“均田制”，计口授田，平均分配。这个建议得到朝廷的首肯和支持。北魏均田制的内容主要有：15 岁以上的男子受露田 40 亩，桑田 20 亩，妇人受露田 20 亩，露田年满 70 还给官府，桑田永为世业；土质不宜种桑的地方，男子给麻田 10 亩，妇女减半；露田不得买卖；土地不足之处，居民可以向空荒处迁移，力所能及借用封建国家的土地，但不许从赋役重处迁往赋役轻处。均田行数世，著有成效，唐朝极盛一时，与均田制的推行极有关系。

除均田限田而外，重农抑商、迁徙富豪、法定平分遗产等，也都着眼于农民与土地的结合，以期长治久安。一当流民问题严重化，特别是王朝更替之际和灾乱之时，统治者无不把“安置流民”，招诱流民“复业”——让流民重新回到土地上作为施政的要项。宋元明清各代，有很多这类“复业”之令。

由于流民问题是困扰古代中国的一大社会问题，统治者甚至把招集流民的多寡作为考察官吏政绩和升迁的重要依据，这是中国古代政治史上的一大特色。如西汉宣帝，以胶东相王成安辑流民很多，给予特殊恩赏，赐爵关东侯，俸禄加两级。元世祖忽必烈即位之初，就“逃户复业”问题，令中书省招贴榜文，明设赏格。清康熙初年，明确规定，地方官招集流民1万名者，纪录一次；又诏告天下，文武大小各官，有能捐资迁四川流民归籍，每100家以上者纪录一次，400家以上者加一级，500家以上者加二级，600家以上者加三级，700家以上者加官。足见统治者对流民问题的关注。

此外，救荒措施、强制遣返、宽赋减租等，也是历史上常见的解决流民问题的办法。特别值得一提的是，汉武帝时，制定有《流民法》，具体内容已不得而知，但“以禁重赋”，让流民“复业”是其宗旨。

尽管统治者为解决流民问题煞费苦心，尽管统治者诸多举措能够收效于一时，但是造成流民问题的根源在于封建的剥削制度，历代统治者无论贤与不肖，都不可能从根本上解决这个封建社会与生俱来的痼疾。这个严重的社会问题自然延续到了近代。

3 近代“恒河之沙”

在近代，流民数量很多，甚至曾经有人用“恒河之沙”来形容。

鸦片战争以后，流民问题显出严重化的势头。这种严重化的态势，在史籍中是有迹可寻的。还在咸丰同治年间（1851～1874），有人就惊呼，流民日增日多，每省不下20万人。流民问题的严重化，也不断引起外国人士的注目。1904年4月8日的《北华捷报》报道说，旅行中最令人注意的事，是步行到北方去寻找工作的大批苦力，其中很多是往满洲（东北）去了。有一位外国“旅行家”，在这条大路上来往已有25年了，在他的记忆中从未见过这样多的人步行流迁。《北华捷报》的记者曾耐心地统计过两次，结果是这样的：35分钟之内走过了270人；又20分钟内走过了210人。这两个数目是在不同的两天分别统计的，可以作为每天经过人数的一个合理的平均数。从这篇报道里，读者不难想象那人流如潮的情形。

到了民国时期（1912～1949），流民问题更形严重。据1935年1001个县的调查，农民流离逃亡者是年至少达2000万以上。这就难怪整个社会焦虑不安了。

流民问题的严重性，主要表现在农民离村人数的急剧增加上，因此可以引入“离村率”——离开乡村的人数所占乡村人口的百分比，进行一些量化分析。

在晚清时期，一般没有所谓“离村率”的统计资料，我们也就无法用“离村率”衡量。但有的地方，如安徽凤台县，据该县县志的记载，“流散四出”的“无业者”“十室而三四”，然而这只是笼而统之的说法，若用“离村率”表达，显然偏高。

民国时期，离村人数激增，我们首先可以从纵向比较中看出这一趋势。

20年代，日本学者田中忠夫根据调查材料，估算出江苏、安徽、山东、河北、浙江等5省10个地区的农民离村率平均为4.61%，平均每村约10人强。

1933年，南京国民政府行政院农村复兴委员会组织了对浙江、江苏、陕西、河南、广西、云南6省的调查。根据调查报告列举的1928、1933年江苏、浙江、陕西、河南4省部分地区农民离村人数占总人口的百分比，1928年为4.8%，1933年为5.3%。应该说明的是，这些数字均是调查者根据对尚在原村居住的农民进行调查而作出的，至于1928年在村内居住、而在1933年调查前全家离村的农户，就无从调查。而且调查者很少去匪患严重地区，而这些地区的农民离村现象更为严重。即使被调查的地方，农民也“往往不以实相告”。如果把这些因素考虑进去，则30年代前期农民的实际离村率要大大超出5.3%的统计数字。例如南开大学经济学院王药雨等1932年调查，鲁东昌邑县农民离村率约35%，日照县为20%，鲁西夏津、恩县较低，也达10%，鲁南莒县、临沂一带高达60%。据陈翰笙估计，广东信宜、茂名、德庆等地，1934年的农民离村率，比1929年增加了5%至40%，河北正定县1934年的人口较1931年减少了1/3。

对同一地区的追踪调查更能说明“离村率”激增的趋势。李景汉在河北定县进行了9年平民教育会农村“实验运动”后，1934年发表《定县农村经济现状》一文，提供了定县农村20年代至30年代前期，农民因无法生活而出外谋生人数的变化情况：定县自1921年以后不断有人到关外谋生，每年700人左右。

1933 年生计困难程度远过于从前，因此离家谋生的人数陡增，超过 10000 人。1934 年春季出外谋生的人数已达到 7000～8000 人。如果以 20 年代每年 700 人为基数，则 1933 年离村农民猛增 13.3 倍，到 1934 年春，一季就增加了约 10 倍。定县农民离村人数的增加，还不能反映全国农民离村人数激增的一般情势。在全国 1900 多个县中，定县具有特殊的政治、经济和社会条件，农村社会比较安定，境内很少随地筹饷的军队，也没有明显的土匪。平教会从 1926 年以来长期在农村试行“实验运动”，每年有 20 万元左右的经费支持。定县农民在这种条件下尚且无法生活，离村外出者日趋增加，全国其他地区农民离村情形则可想而知。

民国时期各地农民离村的横向分布，可从南京国民政府实业部中央农业实验所编纂的《农情报告》的有关统计中大体反映出来。这些统计数据，是综合该所几千名分布在各地的报告员的上报材料得出的，因而比较系统。该统计显示，1933 年除黑、吉、辽、西康、蒙古、新疆、西藏以外的 22 省，有青年男女离村的农家平均占农户总数的 8.9%，全家离村的农家平均占 4.8%。青年男女离村的农家占总户数 10% 以上的地区有：河北中部、北部，河南东部，山东西南及胶东半岛北部，绥远南部，山西中部，陕西中部及北部，甘肃中部，江苏北部，安徽中部、北部，浙江中部，湖南东部，四川中部、北部及西南部，云南中部，福建及广东沿海。全家离村的农家占总农户 10% 以上的地区有：绥远南部，陕西中部及东北部，甘肃中部及东北部，河南南部，山东西南部，湖南东南部，贵州中部，云南中部，福建沿海。

还要说明的是，每逢灾乱之年，农民流离失所者众多，这时“离村率”的涨幅与灾乱的严重程度是一致的。如捻军起义期间（1853～1868），皖北农民“非死即徙，十去七八”；1920 年闹灾荒，濉溪张庄逃荒外出的占全村总户数的 77%。再如 1927 年山东冠县因灾流亡的人数占该地人口的 20%；1928 年河南夏邑因灾流亡的人数占该县总人口的 24%，甘肃环县流亡人数为 31.30%。在兵灾匪祸频仍、灾荒奇重的地区，“离村率”经常达到令人吃惊的高度，这一点是值得注意的。

在近代中国，“离村率”是判断流民问题严重程度的一杆标尺，就总体而言，确是如此。但“离村”情况复杂，如求学、做官、投亲访友等，不过他们在“离村率”中所占比重尚不足以妨碍我们使用“离村率”这一标尺。

如果说“离村率”是判断流民问题严重程度的一个标尺，那么城市人口的膨胀可以说是窥视流民现象的一个窗口。如时人所说，农民离村的数量难以精确统计，但在另一方面，我们也可以从农民离村的去路，探求有力的反证。农民离村最大的去路，自然是逃往都市，于是都市人口便急剧增加。

城市人口过剩现象在近代中国至为普遍。无论传统型城市，还是近代城市，都颇感人满为患。这在上海最具典型。1852 年上海人口为 544413 人，1865 年为691919人，1915年增到2006573人，1935年更增加到3701982人，1945为3370230人，1949年3月达到5455007人。单靠人口的自然增长，近百年时间上海能成为拥有500万以上庞大人口的中国第一大城市，是难以想象的。

近代上海，人口的自然增长率，与整个近代中国情形一样，是不可能很高的。高出生、高死亡、低增长是近代中国人口变动的主流。退一步说，即使上海人口出生率“反常”，自然增加人数也不可能如此之快。事实上，上海人口出生率较整个近代中国的人口出生率还低。如1935年公共租界的人口出生率为20‰左右，而当时整个中国人口出生率一般估计为30‰左右。另一方面，上海人口的死亡率是相当高的。根据公共租界历年偏低的资料，有时人口死亡率高达30‰以上，至少也要达到10‰以上。就是说，有些年份人口自然增长率变为负数。即便有些年份人口死亡率低于人口出生率，但总起来看，人口自然增长率大致在10‰左右。根据这样的人口自然增长率，近百年时间，上海人口至多增长到100万至150万。由此可以断定，上海人口过度膨胀的原因，主要是人口大量流入造成的。这一推断，在有关统计资料中可以得到证实。如1929年流入上海的人数190105人，流出66299人，流入超过流出的人数为123806人；1930年流入254530人，流出148769人，流入超过流出的人数为105761人；1931年流入306712人，流出208706人，流入超过流出的人数为98006人；1932年流入473228人，流出199012人，流入超过流出的人数为274186人；1933年流入458265人，流出302099人，流入超过流出的人数为156166人（外国人不在其内）。由此可见一斑。在上海人口的籍贯构成中，本地籍人口只占20.7%，外地籍人口占了79.3%。上海人口的急剧增长主要是由人口的机械增长，即农村人口（包括流民）移入造成的。

不独上海如此，广州、南京、武汉、青岛、北京等城市也是一样。如广州，1928年为812241人，1930年为861470人，1932年增加到1042632人；汉口，1928年为658365人，1931年增至811244人；青岛，1929为354723人，1931年为400025人，1932年增至422811人；北京，1928年为1340199人，1930年计有1365303人，1932年达到1473558人。再如南京，据1934年的统计，客籍人口比例达到总数的71.9%，这也是相当惊人的。该年南京总人口还不到75万，但到1936年短短几年内便猛增至百万人，造成人口严重膨胀，失业和无业人口占到人口的25%以上。

总之，无论传统型城市，还是近代城市，无论大城市，还是中小城市，都存在人口严重过剩现象，“这大量人口的增加，除了微不足道的外侨和地主商人之外，那十字街头鸠形鹄面的失业者，便是从内地农村破产中逃出的农民了”。透过城市这一窗口，我们同样窥视到了近代中国流民问题的严重性。

二　为什么流亡

1 社会的转型

农民为什么流亡？这当然有很多原因，如有内在的社会结构性原因，有外国资本主义侵略的原因，有天灾人祸原因，在某些地方还有地区文化传统原因，等等。流民现象的发生，是许多因素共同作用的结果。下面所叙说的，只是其中的几个主要方面。先说近代中国社会的转型与流民现象发生的关系。

近代中国社会的转型，是一个具有多层意义的概念，我们从简单意义上去理解，就是传统（封建）中国向近代中国转变的过程，流民就是这个转变过程的伴生物。

传统中国向近代中国的转变及其与流民现象发生的关系，可以从以下几个方面来看：

视角一：洋布冲击波。

洋布，就是外国人利用机器生产的布料。鸦片战争前，这种布料在中国还比较少见。那时的中国，把国门关得很紧，洋货进不来，进来了，农民也不需要，他们有纺车，有织布机，自己纺棉织布。就是说，农民不但生产自己需要的农产品，而且生产自己需要的手工业品。自己生产，自己消费，自给自足，这种经济形式就是自然经济，它是封建中国的一个基本特征。人们常说的“男耕女织”就是这样一幅耕织结合的自然经济图景。有一位西方殖民主义者叙说着他在中国的见闻：收获结束的时候，各农家的所有成员，老的小的都去梳理棉花，纺纱、织布；中国人就用这种家庭制造的、笨重而结实的、能够穿上两三年的粗糙土布来缝制衣服，而把剩余的土布拿到城里去出卖，城市商贩就购买这种土布去供给城市居民及内河船夫的需要。这种土布，都是在农民小屋内织成的。世界各国中，也许只有在中国可以看到每个富裕的农家都有一架织机。

自给自足，农民可以不依赖于市场而衣食生存。这样，资本主义发展所需要的广大市场就难以形成。明清以来，中国商品经济一定程度的发展所孕育的资本主义萌芽并没有破土而出，没有使中国由封建社会发展到资本主义社会，自给自足的自然经济也是一大阻力。鸦片战争以后，情形大不一样了。

1840 年，英国发动了侵略中国的鸦片战争，这是中国近代史的开端。1842 年 8 月订立中英《南京条约》，开放广州、厦门、福州、宁波、上海等五处为通商口岸。中国国门大开。法国、美国、俄国、日本、德国等资本主义列强接踵而至，发动了一系列侵华战争，强加给中国人民一个又一个不平等条约。中国由一个独立完整的主权国家变成一个半殖民地国家。

军事侵略是为经济侵略鸣锣开道的。西方列强利用与清政府签订一系列不平等条约，在中国开辟租界，设立工厂，倾销洋货，掠夺中国。资本主义的入侵，使中国社会经济发生了一系列重大变化，其中最引人注目的是自然经济的解体。

耕、织结合是自然经济的基本特征，而自然经济是与商品经济对立的。西方列强要达到在中国倾销商品、掠夺原料的侵略目的，非得剪断耕、织结合的纽带不可。正如我们所看到的那样，中国自然经济的解体过程，主要是洋布代替土布的过程。

19 世纪 40 ~ 50 年代，洋布在中国市场上销售，最初只是城市中一部分比较富裕的人士穿用，农民只是看看，并不怎么喜欢。可到 60 ~ 70 年代后，尽管人们发现洋布不如土布耐穿，但是因为洋布很便宜，所以还是愿意买便宜货，弄到后来，无论通都大邑，还是僻壤遐陬（音 zōu），穿土布的人越来越少，而穿洋布的人越来越多了。

洋布之所以能够逐步占领中国市场，价格低廉固然是重要因素，但更为重要的还是条约关系的保护。如 1858 年 6 月签订的中美、中英、中法《天津条约》规定，洋货进口时只需交纳 2.5% 的税（即子口税）就可以畅通无阻。至于民间土布等所谓“土货”就不同了，它要逢关纳税，遭受层层盘剥，成本越来越高，售价也就扶摇直上，与便宜的洋布角逐竞争，怎能不一败涂地！土布没有销路，“织”再也不能维持下去了。在洋布的冲击下，耕织结合的纽带被撕裂，自然经济走上了瓦解的道路。

自然经济的解体，影响非同小可。中国是以农立国的国度，在以土地私有制为基础的封建社会，封建地主阶级占有绝大部分土地。而农民仅有小块土地，还要交纳沉重的地租和捐税，光靠一块小得可怜的土地，实在难以活命，不得已，求助于副业，织土布就是最重要的家庭副业。织出来的土布，不仅满足了家庭的需要，而且还可以把多余的布拿到城里去卖，换回些盐油酱醋等日常生活用品，勉强维持最低限度的生活。现在这条路子断了，许多农民被推到了死亡的边缘。那些以“织”为生的手工业者，更逃脱不了破产失业的厄运。破产的破产，失业的失业，这千百万人，要想不被饿死，只好背井离乡，另谋生路。流民现象发生了。

这里叙说一个真实的故事。上海的一位姓胡的小偷，在被收审时，讲述了他如何在洋布的冲击下背井离乡流落上海滩的：“我是余姚县的农民，有一小块田产，我和老婆在田里做活儿。白天种田，晚上我织布，她纺纱。我们拼命干活，也很高兴。我们的村庄地势偏僻，城里的事，村外面的事我都不懂。等粮食打下来后，我到城里去卖，等布织好了，也拿到城里去卖。六年前，铁路修近了我们的村庄，我们就从许多别的城市、别的地方听来许多新闻。我慢慢地知道城里人都喜欢穿洋布，算是一件时髦事。我们在农村织的布不好卖了，洋布又便宜又好看。铁路没有建成以前，我们这里也有洋布，但是因为运输不便，洋布的价钱要贵些。现在我要卖我们织的土布就要压低价格，压低价格就影响了生活。经过这几年的困难，我们负债了，我想以后我和老婆不能再靠织布谋生活了。我们的那块地又很小，靠种田也不行。除了织布我又没有别的本领，经过长时期的挣扎，我非另找出路不可……我看只有去上海是发财的好办法，我决定这样干，就把老婆送回她娘家，我卖了田还了债，还给了点钱给老婆做家用钱。我带了50元到了上海。”结果可想而知，他没找到事做，成了一个小偷。这是千千万万中国老百姓在洋货冲击下破产失业、流落他乡的一个缩影。

自然经济的解体是“流民”现象发生的基本促动因素，而流民大量聚集城市，为资本主义近代工业的产生和发展，准备了雇佣劳动力条件，这当然有利于社会的进步。

视角二：近代工业化的吸力。

如果说自然经济的解体对流民产生一种“推力”，那么中国近代工业化的发生发展，则对流民的“向心（城市）”流动产生吸附力。

众所周知，中国近代工业化运动始于洋务运动，由李鸿章、左宗棠、奕䜣等洋务官僚发起，创办近代军事工业和民用工业。从19世纪60年代到90年代，采用“官办”、“官督商办”、“官商合办”等经营方式，共创办大小近50个军用企业和民用工业，如江南制造局、金陵机器局、上海织布局、天津机器局、福州船政局等都是这一时期创办的。

19 世纪下半期，由于外国资本主义的刺激，有一部分商人、地主和官僚投资于新式工业。中国民族资本主义机器工业开始崛起。如 1872～1894 年，民族资本开办的纺织和食品工业有 30 家，1895～1913 年有 160 家。另外还有榨油、卷烟、制糖等工业。这些工业，多采用机器生产，雇佣人数多寡不一，如通久源纱厂，1896 年开车，雇佣工人 750 人；纶华缫丝厂工人千余人；1905 年，南洋华侨简照南归国，创设南洋烟草公司，雇工万余人。

工业化运动无疑给农村"剩余"劳动力的转移提供较多的从业机会，同时，工人收入较农民为优，特别是工业化运动初兴之时。如时人所说，江海通商，食力之民，趋之若鹜，每月工资至少数元，养家糊口，绰绰有余。这对因自然经济解体而遭破产或生活困顿的农民不能不产生巨大的吸附力。就拿江苏宜兴来说，失业的农妇，有许多进入宜兴、苏州、上海、无锡等城市的工厂工作，据统计，全县由农妇变成工人者约 6000 人。再如，在镇江，每年冬天总有大批苏北和山东流民，前来寻找工作，但是到了春天，他们就回去耕作。这种人每年有 4000 到 5000 人。近代意义上的"民工潮"即由此而来。换句话说，他们是不同于古代流民的"近代流民"了。

一般说来，工业化的高涨时期，正是农业劳动力转移规模最大、速度最快的时期。工业发展和工业化的过程，实际上就是农业劳动力非农化的过程。工业发展越迅速，对农业劳动力转移产生的拉力也就越大，农业劳动力的非农化的过程也就越快。中国自然经济的解体、工业的发展，使“耕夫织妇弃其本业，而趋工场（厂），必然之势也”。应该说这是符合世界发展大势的进步潮流。

工业的发展和农民的非农化，反过来加速了自然经济的解体，造就出更多的失业农民。有人估计，在上海的纺织工厂中，12 万工人，利用机器，可以生产 2500 万至 3000 万农民在家庭纺织车旁所生产的纱布数量，这意味着 12 万农民变成工人，使千百万农民失掉了家庭工作。这些失掉家庭工作的农民，不得不“抛弃家乡，向外去寻生路”。这是近代中国农民分化流动的一个特点。

视角三：价值观念的转变。

社会的转型和资本主义工商业的发展，必然带来人们价值观念的变化，“师夷之长技以制夷”、“工商立国”以及“重商主义”思潮的扩散，正是这种变化的折射。就农民的价值观念而言，“安土重迁”的价值取向已发生动摇。在我们阅读文献资料的过程中，常常可以见到这样的记载：

——中国工人众多，用之不竭。虽然工资算不上丰厚，但远方男女来谋食者源源不绝，“虽离家不计也”。

——江苏无锡礼社，自然经济解体，劳力过剩，加上主要副业蚕桑衰落及灾荒，“使农民不得不打破其墨守乡土之故习”，群集都市，为产业工人、商铺店员及产业后备军，离村率可达21%，换句话说，每五人中就有一人以上漂泊异乡，与往昔“老死不相往来”比较，令人惊奇万分！

农民所以“虽离家不计”，所以“打破其墨守乡土之故习”，自然有不得已的一面，但从这些记载中，我们可以微微察觉农民的价值观念在发生变化。“洋流潮”的“日新月盛”，也许能使我们窥视到这种变化的较清晰的图像。

鸦片战争后，华工出国成为一股强大的洪流，到光绪末年，出洋人数不下500万，而到1929年，华侨人数竟达上千万。如此众多的华工出洋，当然有一部分是“受人欺骗”，有一部分被卖为“猪仔”，但无可否认的事实是他们中相当部分是为了谋生而自发出洋的。

恩格斯谈到华工出洋的原因时指出，“对华战争给了古老的中国以致命的打击，国家的闭关自守已不可能，铁道之敷设，蒸汽机和电气之使用，以及大工业之创办，即为着军事防御的目的已成为必要的了。于是旧有的小农经济制度，也随之而日益瓦解（在旧有的小农经济制度中，农家自己制造必要的工业品）。同时，可以安插比较稠密的人口那一切陈旧的社会制度，亦随之而崩坏，千百万人将无事可做，将不得不移往国外，他们将打开到欧洲去的道路，他们将大批涌入欧洲”。这里恩格斯虽然没有明确昭示出“洋流潮”与价值观念变迁的关系，但小农经济的日趋瓦解、工业化的兴起和商品经济的发展，势必引起人们观念上的变化，这是毫无疑问的，史料中所说自与外国通商后，“华民风俗大变，概有轻背桑梓，远抛骨肉，燕巢各国，习惯为常”，还是可信的。既然如此，我们也可以把“洋流潮”视为中国走向世界的一个标志，正是他们“打开到欧洲去的道路”。这也是“近代流民”不同于“古代流民”的一个显著特点。当然，“轻背桑梓”局限于个别地区，就整个中国而言，远未“习惯为常”，直到20世纪中期，中国还是小农经济的汪洋大海。

视角四：流民现象和流民问题。

流民现象的发生，本是社会转型过程中必然出现的社会现象，是正常的，但在近代中国，却成为严重的社会问题。这种现象的被“扭曲”，最直接的动力来自工、农两端。就农来说，马克思曾经指出，“超过劳动者个人需要的农业劳动生产率，是一切社会的基础，并且首先是资本主义生产的基础”。就是说，农业方面的生产率必须充分提高以使总人口中的一小部分就足以为整个社会提供食品和原料，从而使农业劳动者得以解放，同时，工业部分也得到充分发展，为那些解放了的农业劳动者提供就业机会。而近代中国的情况可以说恰恰相反：农业劳动生产率下降，伴随自然经济的解体，农村经济衰退，生产要素萎缩。流民现象就是在这种情况下发生的。农村生产力水平低下，是农民正常分化转移的重要障碍因素。

当然，对农业劳动生产率和农民分化流动的关系应有正确的理解，两者是相辅相成的关系。西方进行工业革命的初期，农业劳动生产率并非已经达到很高的水平，而是两个过程同时发生，即一方面是资本主义机器大生产造成的生产社会化的过程，另一方面是农村小商品生产者分化为资产阶级与无产阶级的过程。这两个过程又都同时造成大工业对劳动力的要求，而由于工业和农业经济收入差别的存在，吸引着农业劳动力源源流入城市。这样，农村相对广阔的土地为农业资本主义经营创造了条件，农村人口外流，农村劳动力缺乏，又造成了对农业机械的需求。欧美农业劳动生产率的提高始终与农业机械化的不断提高做伴。所以农业劳动生产率提高和农民分化转移是个渐进的过程，既没有农业劳动生产率一下子提得很高，造成农民一次完成转移的情况，也没有一次完全转移，然后再返过头来从容地提高劳动生产率的情况，这要充分考虑到农业生产率提高的困难性和社会经济的复杂性。既然如此，我们再来看看工业部门的情况。

中国早期工业化可以 1919 年为界分为前后两个时期。前期工业发展虽然步履维艰，但一直保持发展势头，特别是 1914～1919 年第一次世界大战期间，中国民族工业的发展进入“黄金时代”。在这期间，民族工业新设厂、矿共有 379 个，总投资额为 8580 万元；平均每年设厂矿 63 个，投资 1430 万元。然而就是在这个“黄金时代”，中国产业工人也才只有 261.5 万人，可谓少得可怜。至于一战后，由于国际资本主义的高压，民族工业一蹶不振，产业工人随时有失业的可能，对成千上万的流民更是难以吸收。正如著名历史学家周谷城先生所说，“中国的社会问题，最难解决者，几乎就是农村剩余人口无法安插”。这样，农村经济衰退，流民日众，社会问题严重，造成一种恶性循环。尽管如此，其符合时代潮流的一面，我们也不能因此视而不见。

生产条件的恶化

近代中国之所以出现严重的流民问题，当然是农民大量逃脱农村造成的，农民所以要逃脱农村，又与农村经济的状况存在密切关系。

进入近代以后，农村经济严重衰退。这里最能给人以直观感觉的是收成的递减趋势（民国时期农业虽然有所恢复和发展，但好的年成也是不多见的）。在晚清时期各省历年收成的统计资料中，我们发现收成在六成以下的州县急剧增加，七成以上者已不多见。这样“民食”问题就发生了。

收成的减色，是农业经济衰退的表征。要揭示出农村经济衰退与流民现象发生的关系，有必要进一步弄清农业生产诸条件上的破坏倾向。

一切社会的劳动条件或生产条件都不外是劳动力、劳动工具和劳动对象，因此，我们的叙述当然离不开这几个方面：

劳动对象：土地兼并的狂潮和农民的无地化趋势。

农民和土地，或者说劳动者和劳动对象的结合，是生产活动得以进行的前提。可是这种结合常常被割断，这主要由于私有制条件下不可避免的土地兼并所造成的。

进入近代以后，土地集中的速度有所加快，并在晚清、民国时期形成两次兼并狂潮。

晚清时期的兼并狂潮在太平天国革命失败后即掀起。由于战乱的影响，农民不是死就是逃，土地抛荒很多。地利所在，争趋兼并。在这一兼并狂潮中，湘系淮系官僚集团得利殊多。就拿淮系集团来说，李鸿章兄弟6人，侵占田亩究竟有多少，谁也说不清，估计在50万亩以上。这且不说，就连那些散布在各地，靠办团练起家的练总绅董也无不大发其财。如宿州的周田畴，咸丰年间为安徽巡抚周天爵办理文案，经手宿州团练，因功保知府赏加道衔。就是这个周田畴，光绪二年一下子捐田4187亩入书院。凤台的徐善登，跟随英翰皖军转战各地，保举记名提督，捐地3000亩入州来书院。涡阳的马玉昆，“富连阡陌”。这样的例子不胜枚举。

辛亥革命后，军阀地主再次掀起兼并狂潮。皖北霍邱的张敬尧、阜阳的倪嗣冲，各拥田地7万~8万亩，“为军阀地主之模范”。苏北萧县的李厚基，有地20万多亩。袁世凯在河南彰德、汲县、辉县等地兼并土地4万亩，徐世昌在辉县霸占田产5000多亩。此外，像湖南的赵恒惕，四川的刘湘、刘文辉，广西的陆荣廷、谭浩名，山东的王占元，东北的张作霖、吴俊升等军阀，也都拥有大量田产。有人估计，军阀地主兼并土地总计有八九亿亩之多，而当时全国耕地面积不过十几亿亩，这种说法虽然言过其实，但土地兼并的剧烈可以想见。

此外，农村中的地主、富农以及商人、高利贷者，在土地兼并中，也都扮演了重要的角色。

一方面地主等兼并土地，另一方面则是农民失去土地。大批失去土地的农民，有的背井离乡，成为流民；有的则沦为佃农，佃农显著增加，自耕农所占比重下降，而佃农进而转化为流民的也占相当比例。据30年代的调查，在离村的农民中，自耕农占28.8%，佃农约占34.8%，其他农民占16.9%。就是说，流民之中，佃农所占比例最高。有小块土地但不足以维持最低限度生活而索性把土地出租流入城市另谋出路的贫民，也不在少数。

在近代，土地的集中，本可以为农业资本主义的发生发展提供一定的条件，但由于土地的分散使用以及大地主获得了大量的利益，每每用于奢侈的生活而消耗了本可积聚起来为初步工商业发展之用的原始资本，这当然是一个悲剧。

劳动工具："生活条件压迫生产条件"的怪圈。

近代中国农民以贫困而著称。正是因为贫困，使他们难以改善生产经营条件，特别是劳动工具，而生产经营条件的恶化，使农民更加贫困……这是值得注意的。

晚清时期，有一位官僚行经皖北凤台县。当时正闹"小旱"，田里的禾苗渐渐枯萎。他见田边有池塘，且有水，便责问道：

"为什么不灌水?"

农民回答：

"水少田多，恐怕无济于事。"

又问：

"少救几亩，何致于眼看禾苗全部旱死?"

回答：

"没有工具"。

又问：

"为什么不制作?"

又答：

"投入多收效少，惟恐得不偿失。"

这段记载颇耐人寻味。这是晚清时期华北农村的一个缩影。在比较粗放的经营方式下，"投入多"，"得不偿失"，农民都不愿增加投入以求生产条件的改善，以至弄到"没有工具"的地步。透过这段文字可以看到，在人和自然的争强中，自然占据了优势，收成的丰歉听命于"天"，农民几乎成了自然的奴隶。遇到"小旱"如此，遇到大旱则只好沦为流民了。

进入民国以后，生产经营条件一如往昔，农民不但缺乏耕畜，所用农具还是千百年传下来的古老农具，如犁田仍然用着极简陋的旧式犁耙，在缺乏耕畜的地方，甚至用锄头翻土。播种、插秧、施肥、除草等工作，几乎全用手来完成，收割也只用着一把镰刀。而且就连这些简陋农具，多数贫农还是无力购置。据徐州省立民众教育馆对铜山、萧县的调查：无大车的农家，铜山占89%，萧县占74%；无犁耙的农家，前者占79%，后者占65%。其他地方的情况大致类似，适足反映出生产经营条件的恶化情况。

生产经营条件的恶化，实际上反映出农民生活状况的恶化。在一般情况下，这种生产条件或许能维持“吃不饱、饿不死”的低生活水平，但一旦遇到天灾人祸、摊派一类全出意外的开支，对他们的生活发生影响，他们在挪借无门情形下最可能做的，就是继续压缩或恶化他们的生产条件：变卖耕牛，吃掉种子，抵押转卖犁耙等器具。据《时报》报道，1906年灾荒，难民四出逃荒，他们的“家用什具及一切田具耕牛，无一不贱卖于人，以济饥饿之苦”。这种现象，经济学称为“生活条件压迫生产条件”法则。这条法则，在近代农民经济生活中，发挥极广泛的作用。

总之，近代中国农民就是在贫困化—恶化生产条件—更加贫困—……这样“生活条件压迫生产条件”的怪圈里生活着，流民在这个循环中不断孕育、产生。

劳动者：“生活的钢鞭无情地驱策着”。

以上从劳动对象、劳动工具方面展示了农业生产条件上的恶化状况。现在让我们再来看看农村生产力中最活跃的因素农民的境况。

近代中国农民生活得太苦，经常遭受着生活钢鞭的无情鞭挞。洋人剥夺了他们的副业，本国的苛捐杂税更压得他们透不过气来，因此而逃亡的农民何止百千万！

鸦片战争后，清政府为支付战争赔款，调整了税收政策，总的原则就是加重旧税、开征新税。中国农民的负担大大加重了。这种情况愈到后来愈趋严重。如1901年《辛丑条约》签订后，清政府把4.5亿两赔款摊派到各省，各省便罗列种种名目作为田赋附加税征收，这叫“田赋附加”。当时附加税的名目很多，有“亩捐”、“修建费”、“警捐”、“铁路捐”、“学捐”等等，连种花生也得交“花生地捐”。另外，谷米上市有捐，蔬菜瓜果入城有捐，一般农民，一身七八捐是常有的事，“力不能胜，则弃田潜逃者比比也”。农民不堪其苦，只好大量逃亡，成为流民了。

民国以后，田赋附加更达到了骇人听闻的程度。旧的附加税并入了正税，新的附加税花样百出。附加税既名“附加”，顾名思义，无论如何不应该超过正税，当时的财政部也有附加税不得超过正税30%的规定，但本末倒置的情形，说来简直令人难以置信：没有哪一个省的附加税不超过正税的。如安徽全省60多个县，有一半以上的县份，附加税超过了正税，其中皖北各县超得更厉害。江苏淮北地区也是越出越奇。当时徐州、海州所属各县，除了“国税”、“省税”、“县附税”、“特种税”（达12种之多）、“陋规税”之外，“地方或县附税”还有：教育亩捐、普教亩捐、义教亩捐、建设费、农村费、农业改良捐、积谷费、清丈费、户籍费、公安局经费、公安队经费、警捐、警备费、警备临时经费、警备队经费、补充队伍费、区公所经费、民政费、内务预备费、市乡费、自治行政费、催征警费、实业亩捐、党费、农会经费、地方不敷费、款产处经费等等，计有 27 种之多，如果全部加起来，不超过 50 种才怪！而且附加税超过正税，徐海 12 县平均 7 倍以上，其中灌云县超过 20 倍以上，令人瞠目结舌。这还不算，当时还流行一种“预征制”。预征就是预先征收钱粮，明年、后年的钱粮可以提前到当年征收，所以叫“预征”。预征一两年，三四年，五六年的钱粮，都算不得什么稀奇。有的地方，为了弥补财政上的亏空，或军事上的急需，可以征到几十年、半个世纪以后。如四川军阀甚至征到了 1991 年。钱粮迭加，农民纵有三头六臂，也无力承受，许多农民被逼无奈，只得“逃之四方”。如河南内乡东乡张家村，原有 300 多户，因负担过重，相继离村的有 70 多家。某农家有地一顷，实际多是坏地，年产只有二担多稞子，而内乡自治办公处派他十担，因负担不起，便携妻带子离家而去。临行时愤愤地对人说：“谁要地拿地，谁要房子拿房子，我一辈子不回来了！”

田赋之外，农民还深受沉重的地租剥削。

在近代中国，还有一大批没有土地的农民。在许多地方，这类农民超过了半数。没有土地如何生活？只好向地主租种土地，他们被称为“佃农”。租地当然要交地租，可是地租额太高。就拿江苏、安徽淮北地区来说，晚清时期，地租剥削形式主要有以下几种：

“拉鞭地”，又叫“把牛地”，这种租佃形式很普遍。租种这种土地的农民，没有什么生产资料，农具、耕牛、种子都是地主的，甚至连住房也是地主的，农民通常只有一条赶牛的鞭子，所以才叫“拉鞭地”。地主对这种农民的剥削最残酷，每年要从收获物中拿走60%～70%。

“赔牛地”，也是一种普遍的租佃形式。租种土地的农民自己没有牛，借地主的钱买牛，不要利息，但不准退佃，如退佃必须还钱。这是地主把农民束缚在土地上加以剥削的办法之一。在“赔牛地”的租佃制度下，地主要从收获物中拿走一半以上。

这些地租剥削形式，民国时期并没有什么变化，不过名目增多，租率居高不下，如有所谓的包租、押租、预租、分租、滚租、议租、抽行打租、跑马租、小租等名目，租率一般都在50%～70%，高的达到80%。农民辛苦一年，收获所得大部分交了地租。许多农民无法承受高额地租剥削而流亡他乡。据《国际劳工通讯》报道说，1935年10月初旬，由淮北到上海谋生的农民就达2000余名，背井离乡的原因就是“田租过高”。

除此之外，农民还受到高利贷的盘剥以及其他意想不到的敲诈勒索。

上述三个方面，清晰显示出农业生产条件的恶化情形。这三个方面的合力造成农村经济的衰退，而农村经济的衰退，成为农民“离村”的强劲推力。这说明流民的产生主要不是经济的发展造成的，而是相反。近代流民的产生也与天灾人祸的作用分不开。

 土匪、军队和饥馑

中国农民遭受的灾难还不只以上所说的几个方面。有一个流民被人问过："什么东西把你驱逐到这儿来的，离家这样地远?"他的回答是："土匪、军队和饥馑"。换句话说，就是战争和灾荒，就是人祸和天灾。近代中国农民经常遭受意想不到的天灾人祸的打击，受尽煎熬，真可谓雪上加霜了。

先说人祸。

谁都知道，近代中国是一个兵灾匪祸频繁的国度。仅就战争而言，对内战争、对外战争，接连不断，像两次鸦片战争、镇压太平天国与捻军的战争、中法战争、中日甲午战争、八国联军侵华战争等，都是大规模的军事战争，至于小规模的战争，更是数不胜数。进入民国以后，战火延烧几遍全国。有人作过统计，1912～1930 年历年发生战争的省份数为：1912 年 1 省，1913 年 6 省，1916 年 9 省，1917 年 5 省，1918 年 9 省，1919 年 2 省，1920 年 7 省，1921 年 7 省，1922 年 10 省，1923 年 6 省，1924 年 8 省，1925 年 13 省，1926 年 15 省，1927 年 14 省，1928 年 16 省，1929 年 14 省，1930 年 10 省。这个统计还是不完全的。

每次战争，直接间接遭殃的都是老百姓。他们要么被拉去充当炮灰或是供应军需，要么流离远逃。就拿镇压太平天国的战争来说，这场战争打了 14 年（1851～1864），打掉了千百万人的生命，还有更多的

人流离失所，无家可归。进攻捻军的战争也是如此，这场战争打了18年（1851～1868），黄淮地区的农民“流离颠沛”，不可数计。攻捻战争的主战场淮北地区，农民不是死就是逃，“十去七八”，人烟绝少，一片悲惨景象。

军阀混战，更使农民苦不堪言。1927年春夏之交，朱新繁到河南农村考察，讲了一个令人泣下沾襟的实事：从驻马店到遂平车站四十里之间，沿着京汉铁路两边的五里之内，所有乡村都是十室九空，有几个乡村简直是十室十空！

从大刘庄沿铁路北上，有一个叫王庄的乡村，在从前，大约有七八十家，这在农村中算是一个比较大的村庄。考察者到这里的时候，立刻发现这个很大的而且风景幽美的村庄，是一个“死的村庄”。像这样一个村子，人口至少也该有五六百人，但他们却没有见到一个活人。

在南方的乡村中，几乎无论哪一家总养有些鸡犬，因此无论跑到哪一个乡村，总可以最先听到群犬的吠声和鸡啼声。但是在这个乡村，不仅人烟绝迹，而且鸡犬毫无，牛羊之类就更不用说了，甚至连树林中的飞鸟也绝迹了。因此，这完全成了一个死的村庄。在这里，一种荒凉凄惨的情形，简直使人不能暂留。

这里本来是一个很好的地方。农民耕种度日，勉强能够维持日常的生活，但自从直系军阀得势以后，经过直皖、奉直等战争，农民死的死，逃的逃。王庄是如此，别的地方也是如此。1927年4至7月，约摸三个月中，考察者在信阳、确山、遂平、西平、郾城、许昌、临颍、开封、新郑、尉氏、西华、扶沟、鄢陵、上蔡、汝南等县的一千几百个乡村中调查发现，这些乡村都遭受过军队的蹂躏，大半和王庄相似。

军阀混战，造成多少“死的村庄”，数也数不清。在这些地方，农民不可能安居乐业，不愿挨枪子，只有避难远逃了，总不能在炮火中生存！就是不愿离去，有时候刀枪逼着你非走不可。1926 年奉系张作霖的 10 万大军驻扎在北京城外，民房被占，被驱逐的农民纷纷入京。某记者行经西直门时，见一位饿倒的老妇和一个小孩，便走上前去，询问逃难的经过。这位年逾古稀的老妇，且哭且诉：家住黄村，有二子、二女、一孙。一个月前即饱受炮火的惊吓，但还算没有受到什么骚扰。国民军（冯玉祥的军队）退后，盼到不打仗了，不料反倒凶起来，每天接连不断有军士闯入人家，要吃食，要茶水。样样供奉完了，他们又要抢，又要钱，一说没有，便没头没脑的乱打。所有的东西都被搜索尽了，两个媳妇也被他们糟蹋，一个羞愤自杀，一个还被带去不知下落。踪两个儿子一个已经被杀，只剩下祖母、儿、孙三人哭啼相守。当时所以不逃，因为舍不得老屋和几亩麦地，以为再忍耐忍耐，避个十天八天，总可清静；不料兵们越闹越凶，见我家已无所有，便将耕牛也牵去，埋藏在地下的一点余粮也被搜出拿去变卖，地里的麦苗也被马吃光，第二个儿子为和他们争执又被刺刀戳死，算是绝了生路了，只好携着小孙儿逃难来京，现已两天多没有吃东西了。

他们那儿所受的痛苦，几乎家家如此。言罢，声泪俱下。从老妇人身上，我们看到了在炮火连天的近代中国农民家破人亡、妻离子散的悲惨命运。

不仅如此，各派军阀连年混战，兵差浩大，种类繁多。据报载，名目繁多的实物兵差有：

衣：军装、大衣、鞋、袜、布匹等。

食：面粉、小麦、小米、馒头、干粮、谷、腌菜、盐、油、醋、酒、猪、羊、鸡、鸭等。

住：床、稻草、麦秸、旧棉花、席子、被子等。

行：大车、小车、手推车、人力车、船、骡、马、驴、牛等。

其他：伤兵衣棺、木板、化妆品、海洛因等。

总计在百种以上。

实物兵差以外，还要承担挑夫、马夫、兵丁、钱币等差。当时全国各省 1941 个县中负担过兵差的就有 823 县。兵差不仅种类多，而且数额巨大，比捐税多出好几倍是很常见的，农民困苦不堪，因兵差而终于卖地破产的不计其数。

九一八事变后，中国人民又遭到日本侵略者的蹂躏。日本侵略者所到之处，烧杀淫掠，惨绝人寰。如 1938 年 4 月，日本侵略军对淮北牛眠村、渠沟一带进行血腥屠杀，杀害无辜百姓 2200 余人，造成这里一片断垣残壁，白骨累累。广大淮北农民，在烽火连天、刀枪交迫之下，不得不扶老携幼，背井离乡。这样的例子不胜枚举。

兵灾之外，匪患也给中国农民造成无穷痛苦。

在近代，土匪遍地都是，仅民国时期，据估计约有2000万，并不比正规、杂牌军队少多少。土匪为害人民，他们烧、杀、抢、掠，坏事做绝，造成许多人间悲剧，造成许多农民有家难回。有匪就要防匪、抗匪、剿匪，不少保卫团、民团就是借此名义组织起来的。可是这些民团之类的武装并不比土匪、军阀的军队好到哪儿去，有的与匪勾结，有的以防匪为名横征暴敛，反而弄得民不聊生，因此民间有“军队剥皮，民团抽筋”的说法。民团不仅未能起到保护农民安居乐业的作用，反而成为农民亡逃他乡的驱力，这是极具有讽刺意味的事。

再说天灾。

人祸横出，本已使近代农民筋疲力尽、求生维艰了，可是还要经常遭受饥荒的袭击。这样天灾和人祸纠缠在一起，常常把农民推到死亡的边缘，至于流落在外，更是常见的事。

说凤阳、道凤阳，凤阳本是好地方。
自从出了朱皇帝，十年倒有九年荒。
大户人家卖田地，小户人家卖儿郎。
奴家没有儿郎卖，背着花鼓走四方。

这首《凤阳花鼓》，如泣如诉，唱出了凤阳农民如何在饥荒的驱迫下流落四方的苦境。其实，灾民流民何止凤阳一地？

近代中国是一个举世闻名的饥馑的国度。造成饥馑的原因很多，有经济的、天然的、政治的、社会的，等等，其中最引人注目的是“天然”原因，也就是自然灾害。

灾害与饥荒本来就是连在一起的，有灾必有荒，所以人们常有“灾荒相继”、“饥馑相连”的说法。

中国幅员辽阔，不是这儿受灾，就是那儿受灾，所以，从1840年到1949年百余年中，没有哪一年不闹灾荒的。灾荒有轻有重，在大灾之年，受灾区域有时波及20余省。灾害的种类有很多，常见的有水灾、旱灾、蝗灾、雹灾、霜灾、地震等。其中水灾更为可怕，一夜之间大地一片汪洋，房倒屋塌，人们即使不被淹死，也要经受饥饿的摧残。饥饿难当，无数灾民因此走上流亡的道路。所以，在近代中国，每逢灾荒，总会涌起流民浪潮，大灾大潮，小灾小潮，流民潮的潮起潮落，与灾害的消长保持一致。这是近代中国流民的一个显著特点。

有关近代灾荒的记载很多，正史、野史、报章杂志，无不连篇累牍，试略举如下：

1877年，山西大旱，赤地千里，饥民达500万~600万之多，饥饿流民，道路络绎。

1897年，安徽、江苏水灾，皖北及苏北徐州、海州一带饥民10余万，沿途觅食，苦不堪言。

1906年，湖南大水，数百里间汪洋一片，死者数万。数十万人流离乞食，联班结队；江苏、河南、安徽、山东大饥，被难灾民千余万，草根树皮吃尽，灾民辗转避荒，集于清江浦（现淮阴）者即达数十万。

1910年，江苏、安徽大灾，流亡至清江浦、扬州、镇江、南京等地的灾民，竟达上百万人。

1917年，河北、山东、山西水灾，灾民约635万。

1922年，江苏、浙江、安徽大水，灾民约计1200万。

1928年，水灾、旱灾波及21个省，灾民约7000万。

1929年，陕西、山西、河南等7省大旱，灾民3400万。

1931年，江西、湖南、浙江等8省大水，灾民竟达1亿人。

1938年，蒋介石炸开花园口黄河大堤，浊流滚滚，淮河溃堤，黄淮大地，尽成泽国。水势所至，澎湃动地，呼号震天，黄淮地区的农民，“不为溺鬼，尽成流民”。这次人为制造的特大水灾，造成河南、安徽、江苏三省44县市受灾，死亡89万人，391万人流离失所。

不烦罗列，只以上几例，足可说明问题。近代中国年年闹灾荒，灾荒夺去了多少人的生命，造成多少财产损失，造成多少饥民流亡，谁都无法统计确实。

有灾荒，就要赈灾、救荒，就要安辑灾民不令其流离失所。如果赈济措施得力，既可减轻灾害造成的经济损失，同时又可以将流民问题造成的压力减低到最小的限度。

近代赈灾措施主要有“蠲（音juān）缓”（即减免或者缓交田赋钱粮）、“赈救”（即发放赈灾钱粮）、

“工赈”（即政府提供粮款，组织灾民挑沟挖渠以及修复河堤工程）等。这些措施当然不能说毫无效果，但弊端丛生。就拿安徽来说，1910 年安徽大水，全省各地都遭受不同程度的损失，其中淮北各县最为严重。范围广、灾情重，而清政府财政又十分拮据，因此，所谓赈灾只是杯水车薪。当时由上海华洋义赈会派往安徽调查灾情的传教士罗炳生在他的灾情报告中透露，饥民数百万，而仅拨赈银数万两，以杯水救车薪之火，无济于事。饥民所得赈钱，还不够来去路费，甚至许多饥民并未得过分文。而且距来年收获季节尚远，茫茫 6 个月中，数百万饥民无衣无食，要想不成饿鬼，只有背井离乡。

1931 年，安徽再被水灾，饥民千余万。国民政府所拨赈款十分有限，无济于事，而各级官吏、劣绅又从中大肆贪污，致使灾民雪上添霜。国民政府 9 月拨给安徽急赈款 30 万元，但直到 11 月还未下发，灾民嗷嗷待哺，死者枕藉，仅皖北 26 县即死亡 6 万余人，其中空待赈济而死的占多数。何以如此？安徽查赈专员张公衡道出实情：省政府主席陈调元先将此款归他支配，继则主张办粥厂；后来国民政府救济水灾委员会督促分配此款，陈调元仍然借工赈为名扣留不发，因而形成急赈缓办。前去南京领取救灾物资的国民党天长县党部书记长张庆城，漠视民命，竟擅自变卖赈麦，以贩卖香烟，牟取暴利，然后游览苏杭，花天酒地……总之，每次赈灾，总是弊端丛生，黑幕重重，所谓“实惠及民”，往往是有名无实。所以，每逢饥荒，流民潮成不可遏制之势，也是自然而然的了。

4 习惯成自然

农民四出流亡，大多为生活所迫，但流民是一个极为复杂的群体，流民流离的原因，当然也是复杂的。除了被逼无奈的原因外，出于自愿者也不乏其人，如城市近代化的发生发展对农民所产生的吸引力，农民羡慕城市生活盲目入城求职等。还有一种现象，在某些经济落后、生存环境不稳定的地方，农民四出逃荒行乞，居然形成一种习惯。荒年逃荒不值得大惊小怪，可是丰年逃荒就有点让人不可理解了。

在山东有些地方，流民游食四方，渐渐“成俗”。史书上说，他们与凤阳流民差不多，到外流亡，四海为家。有一首逃荒流民诗，咏道：

有田胡不耕，有宅胡弗居。
甘心弃颜面，踉跄走尘途。
如何齐鲁风，仿佛凤与庐。
其始由凶岁，其渐逮丰年。
岂不乐故土，习惯成自然。

这首诗是说，有田为什么不耕，有家为什么不顾，心甘情愿拉下面子，四出逃荒要饭？山东这些地方，与安徽凤阳、庐州（今合肥）有什么两样！其所以如此，开始是灾荒造成的，后来就是丰年还是改不了。哪有不热爱自己家乡的呢？可是逃荒习惯了，习以为常了。他们四出逃荒，不完全出于无奈，而是习惯成自然，习惯促使他们以四海为家。这在凤阳，更为典型。所以，还是把话题转到凤阳来。

凤阳，是指清代的凤阳府，安徽淮北地区大部分为其管辖。

提到凤阳，人们很自然地想到了“凤阳花鼓”。其实，凤阳花鼓本是一种地方戏曲，与流民并没有必然的联系。但凤阳流民为状家室流离之苦，便与凤阳花鼓结下了不解之缘，流民流浪到哪里，凤阳花鼓也就跟着流传到哪里。所以，一看到有打花鼓的，十之八九是凤阳流民。

凤阳府所辖的淮北地区，很早就有行乞江湖的传统。这个传统可以追溯到朱元璋时代。这个当过乞丐的皇帝，在大明王朝建立之初，想到凤阳为龙兴之地，元末大乱后，人少地荒，便强迫江南富民 14 万到凤阳安家，私自离去者有重罪。那些被强制背井离乡的江南富民，为了向祖宗表示孝敬，不分男女，均打扮成乞丐的模样，偷偷回到家乡省墓、祭祀祖先，冬去春回，以后“沿以为例”，竟以行乞江湖为业。所以每到冬天，在江苏、浙江一带，总有凤阳流民行乞于市，“岁以为常”。他们年年南下，从不间断，丰年是这样，荒年更是如此，至于近代，未见稍改。当时的报纸说，这是他们相沿已久的习惯。还有不少史籍说，外出逃荒，行乞江湖，是淮北的“民风”。这种民风，为一般大众所接受，形成一种“民性”：到农闲季节，非外出不可。丰收之年也不例外，当时许多人不知道这是当地的民风，是一种习惯，所以对丰年逃荒，就感到不可思议了。

要改变一种传统、一种相沿已久的习惯，绝不是一件容易的事。它具有惯性，可以存在许多年。在20世纪的80年代，在淮北大地上出现了一个万元户村——马家村。这个村子里，家家都是万元户，家家都靠行乞致富。马家村从前属于凤阳府，这里有很长久的行乞传统，据说当过乞丐的朱元璋就是从这儿走出去的。在这里，谁也不认为行乞不光彩，在他们看来，务农是副业，外出行乞才是正业。当马家村所属的镇委书记劝他们改变一下传统观念时，回答是：

"那咋行？呆在家里会活活闷死。"马家村人一副不乞讨毋宁死的神情。

"是不是乞讨比干活来钱快？"书记问。

"不全是。惯了。"

"改不过来？"书记步步深入。

"可以，到困进棺材那天就改了。"

这段话很值得玩味。行乞的传统，直到今天，还能够支配人们的思想、行为。这就不能不使人想到，应该对这种经年不改的传统，追究一番缘由。

一种习惯、传统的形成，总有许多因素，其中"环境"的影响力最为显著。

环境，从生态学上说，大致指外在的自然环境；从环境科学上说，则指人类生存环境。无论从哪方面说，自然系统对人类行为莫不产生影响，这是不言而喻的。行乞传统的形成，自然系统是主要作用力。凤阳花鼓唱道：

白云千里过长江，花鼓三通出凤阳。
凤阳自出朱皇帝，山川枯槁无灵气。
妾生爱好只自怜，别抱琵琶不值钱。
唱花鼓，渡黄河，泪花却比浪花多。

这是说，朱元璋的出现，给淮北人带来了厄运，生存环境恶化了，他们只得背着花鼓走四方了。事实也是这样。淮北本来是个好地方，宋代有“走千走万不如淮河两岸”的美谈。可是，明代以后，整个淮北生存环境迅速恶化，主要的表现，就是自然灾害的连年不断。有人统计，从明初到1840年，凤阳共发生自然灾害约100次，频率高得惊人。进入近代以后，据作者统计，淮北地区间隔不到一年就出现一次灾害，真可谓“十年九荒”了。这种频率不仅高于往昔，而且就全国范围来说也是罕见的。这意味着生存环境的每况愈下。凤阳所属淮北地区因而有了“穷山恶水地瘠民贫”之称，这与“走千走万不如淮河两岸”的美誉，实有地狱天堂之别。

灾荒的愈演愈烈，使淮北人的生存环境如淮水之趋下，这不仅对他们的经济生活产生莫大影响，而且会给他们造成很大的心理压力。《悲淮民》咏道：

悲淮民，
淮民大半作波臣。

千载神宫巨浸没，
百年祖墓深渊沉。
坏我室庐鱼游釜，
野老策堤勤畚土。
脚穿手烂不辞劳，
泥水齐腰草没肚。
以车戽水水未出，
一夜平添四五尺。
乍喜禾苗簇簇青，
旋惊波浪皑皑白。
呜呼河伯何不仁？
翘首呼天天冥冥。
不愿俟河清，
但愿堤无倾，
河臣之绩勒贞珉。

这首《悲淮民》正是自然灾害肆虐下的淮北人心态的写照。希冀、悲愤、无可奈何，都跃然纸上。旱魃（音 bá）和“不仁”的“河伯（河神）”，太让他们恐惧了。人们常说：“一朝被蛇咬，三年怕井绳”。而淮北人年复一年领教自然灾害的残酷，“是以民心益生惶迫”，谈灾色变，那种恐惧感，远比被蛇咬来得厉害，积渐而成“恐荒症”——一种惧怕灾荒猝然而至的直觉反应。“其始由凶岁，其渐逮丰年”。正是在这种“恐荒症”的驱使下，淮北人即便是平年、丰年，农暇也要散之四方去“逃荒”——实为“备荒”，以防可怕的饥荒不期而至，于是，“逃荒”成了淮北人的本能代代遗传，且成了他们的第二天性——习惯。习惯成自然，这种令人不可思议的流民现象，变得可以理解了。

三　流向何方

 从农村到城市

农民为什么流亡，我们已经清楚了，归根到底都是为了追寻生活。那么，他们到哪里去追寻生活，怎样追寻生活？这就是我们所要谈的“流向”问题了。

一般认为，流民的“流向”，是指流民空间位移的方向，也就是说流民从一个地方向另一个地方的流动。这并没有什么不对。我们认为，流民的“流向”除空间位移的方向外，还应包括“职业流向”，也就是怎样去追寻生活，否则的话，流民只限于空间流动，那将是毫无意义的。所以，我们这里所说的“流向”，是指“空间”、“职业”两个方面说的。

农民离开家乡后，很大一部分流向城市，造成城市人口的膨胀，这在前面已经述及。千百万农民从农村一股劲往城市里“乱”涌，所谓者何？

世间有一种比海洋大的景象，那便是天空；
还有一种比天空更大的景象，那便是内心活动。

《悲惨世界》的作者雨果这几句话，是说人的内心世界最难以窥测。流民大量流入城市，无疑各有所欲，其动机的复杂性可想而知。我们所能做到的，只是透过一些现象，对他们的心理活动进行探测。

对流民而言，经济利益是首要的。

城市是工商业中心，有着较多的从业机会。特别是城市近代化的发生、发展，更为他们创造了机遇。

中国城市的近代化过程，是近代新兴城市的崛起和传统城市走向近代的过程。由于影响城市近代化因素的多元复杂性，各城市近代化的进程有快有慢，发展极不平衡。总的来看，长江下游城市近代化进程是比较快的。

1843 年 11 月，西方侵略者通过鸦片战争达到了开放上海的目的，上海正式开埠。1845 年 11 月 29 日，通过《上海土地章程》获得在华“租借”土地的特权。租界范围逐渐扩大。租界因此成为“国中之国”，成为西方文化的传播源。

上海对外开放后，很快形成全国对外贸易、工商、金融、传播西方文化“四大”中心，确立了自己中国近代第一大都市的地位。在上海近代因素的辐射作用，尤其是商品市场、资金、人才、科学技术设备扩散的影响和催化下，长江下游其他城市，如南通、苏州、无锡、常州、扬州、芜湖等城市，也开始了近代化的过程。

“近代工商业的发展是城市近代化的核心”。鸦片战争后，外国商品逐步占领了中国市场，打破了“耕”

“织”结合的自然经济体系，造成大批农民失业。甲午战争后，西方列强通过《马关条约》，取得在华设厂的特权，于是城市成了西方资本主义的生产中心。中国幼稚的民族资本主义工商业，也在本国封建势力和西方资本主义的夹缝中崛起，步上近代化的道路。以上海为例，从1860年到1864年5年中，上海成立了虹口、赛夺、柯立·蓝巴、祥生、德卢、旗记、耶松、莫立司、莫莱9家外资船厂。1895年《马关条约》签订的当年，美商鸿源纱厂，英商怡和纱厂、老公茂纱厂，德商瑞记纱厂便在上海建立。从1895年到1911年，上海外资开设的工厂就有41家，开办资本为2090.3万元，分别占这一时期外资在华设厂总家数的45.1%，总开办资本的42.8%。同一时期，民族资本经营的工厂有112家，占全国在这个时期新办民族资本工厂总数的25.1%；开办资本2799.2万元，占全国总额的28.6%。商业也有了较快发展，市场面貌日新月异。到了20年代前后，除了西商惠罗公司、泰兴公司、福利公司等著名公司外，华商公司、商场增加许多，曾经遐迩闻名的新世界商场在1917年开办的先施公司、1918年开办的永安公司等新颖的大百货公司面前，已经略逊一筹了。

近代工商业的发展，当然需要大批的劳动力来开动纺纱机，拣选烟叶，制造火柴、面粉、罐头食品、水泥等，这些通过新建的铁路和汽船而能够得到的就业机会为那种封闭的农民生活提供了另外的选择。据历史资料记载说，中国人群趋而入上海租界。他们是被各种各样的就业机会吸引到这里来的。职员、外语通、经营广州零星装饰品的商人和餐馆的老板等，主要是广东人。买办、仆役、船员、木匠、裁缝、男洗衣工、店员则主要来自宁波。侍候外国妇女的大多数女佣以及本地人商店的刺绣工和妇女头饰工是苏州来的。南京的男子经营缎子、玉石、钟表和钻石生意。各种各样的机会，对流民就更具有吸引力了。他们大批流入上海，希望能够谋得一份职业，以满足生活的需要。

上海如此，其他城市也不例外。如扬州，每到严冬，总有成千上万的流民来此谋食；苏州，每至荒年，流民扶老携幼，或推小车，或泛扁舟，纷至沓来；镇江，每年都有四五千人，前来寻求工作，冬来春去，从无间断。广州、武汉、重庆、郑州、青岛、北京等，都是如此。总之，无论是做买卖、当工人、寻找季节工或者是乞讨，城市总是比较容易满足其愿望的，流民流入城市，所思所想，基本如此。每至灾年，更要进城了，因为这时城市是粥厂（煮粥散粥的地方）的中心，这是由来已久的。

随着工商业的发展，城市化进程的推进，工农收入的差距拉大了，工人收入远比农民收入高，这就使许多农民有着变农为工的愿望，甚至有一些农民，干脆把小块土地出租出去，然后合家进城，以期实现发财致富之梦。

羡慕都市生活，盲目流入城市以求逃脱农村者，也不乏其人。城市本来就对农 f 民有吸引力，这里不仅物质生活发达，而且精神文化生活也丰富多彩，这是农村无法相比的。因此，他们对城市心向往之，一旦条件许可，就有逃脱农村、摆脱单调无味生活的内在冲动。如此说来，似乎脱离了流民的现实需要。农民流向城市，最根本的动机是求得物质生活的满足，至于个人性向的发展，精神生活的需要，实难顾及。但惑于都市文明而盲目入城，企图摆脱单调孤单生活的人，确有人在。据 1929 年对 1400 余游民问话的结果统计，这些游民未经收容以前的职业包括：无职业者 310 人，小工 328 人，小贩 215 人，退伍兵 138 人，店伙 130 人，“而最值（得）注意者则有农夫 53 人，询其故，无非艳羡都市文明，欲向都市中讨生活，结果仍无所获”。这 53 人中，无论其来自何方，至少说明这种动机是存在的。

流民流入城市，他们赖以谋生的手段是什么？这是我们所讲的“流向”的另一层含义。流民对谋生方式的选择可谓五花八门，有的不能称之为职业，所以，“职业”流向是应该加引号的。

流民的“职业”是多种多样的。南京大王府巷棚户区是江北流民聚居的地域。从他们赖以谋生的方式，可以对流民的“职业构成”有一个一般性的认识。据《南京大王府巷棚户区之调查》统计，男子职业主要为“小贩”，如拾破布、卖破布、卖旧货、卖糖果、卖杂货、拾煤屑、卖烧饼、卖白铁等项，约有 351 人，占全体在业男子的 46.7%，其次为车夫（手推车夫、马车夫、独轮货车夫等），约 151 人，占

20.1%。而女性则以做鞋底等家庭工作较多，约有105人，占在业女子的43.6%。可见，他们从事的主要职业多“粗贱”，而为产业工人者却寥寥无几。流民的谋生方式所以多“粗贱”，原因很多，劳动技能差也是一个方面。

城市是生存竞争激烈的地方，那些携带儿女流向都市的流民，有的梦幻成真，有的则在竞争中被淘汰。他们固然可以去选择职业，但他们的选择往往是不由自主的，“职业”选择流民的现象显得更为普遍。运气较好的人，当体力顽健的时候，可以不断获得这个职业或是转到那个职业；运气较差的人，身体弱的人，年龄老的人，当然不可能自由地选择职业，他们有的流为乞丐，有的流为盗匪，女的堕入风尘者也不在少数。在近代工商业崛起，城市近代化进程推进的过程中，“下等职业”也因此发达起来。

2 走不出的黄土地

城市谋生不易，农村又怎样呢?

农民对土地本来就有很深的依恋之情，虽然他们被迫暂时离开土地，但仍解不开恋土的情结。当不能期待在城市立足时，也只有在农村寻找生路。因此，从农村到农村的流量，并不比从农村到城市少，而且，当在城市难以容身时，还不时出现“倒流”现象。近代中国农民没有也不可能走出黄土地。

流民在农村地区的流动，看似杂乱无章，其实还是有规律可循的。这规律性，我们把它叫做“可选择性”。可选择性之一，人口高压区流民流向人口低压区或负压区。所谓人口高压区，是指人口密度大的地区，人多地少，谋生自然困难，而人口低压区或负压区就不同了。

假设某地区人口压力为 F，该地完全脱离生产、经营物质资料的人数为 u_1，半脱离物质资料的人数为 u_2，所有这些失业半失业人口在一年之内能够在当地重新就业的平均概率为 P，则：

$$F = \frac{u_1 + \frac{1}{2}u_2}{P} = \frac{2u_1 + u_2}{2P}$$

可见，F 是 u_1、u_2 和 P 的函数，也可写作：

$$F = f(u_1, u_2, P)$$

F 的数值在各个地方各个时期经常是变动不定的。在一个较大的范围内，经常都存在因人口稠密、经济改组或政治事故而产生的人口高压地区，也经常存在劳动人口与生产经营资料结合情况较好的人口低压地区。某些地方还出现需求劳动人口的负压值地区。于是人口经常从高压地区流向低压地区或负压值地区，这就是人口因压力差而产生流动的规律。就是说如果甲地人口压力为 F_1，乙地人口压力为 F_2，且 $F_1 > F_2$，则如无政治、社会、交通条件的限制，部分人口就会从甲地流往乙地。

人口低压区或负压区，一般人少地多，有些地方荒无人烟，到这里种地、垦荒，生活就不会成问题。而这些地区，主要分布在祖国的边疆。因此，向边疆地区的扩散，就成为一股巨流。在内蒙古地区，有内地流民大量移入，如水就下，他们避开牧场，流向容易获得土地的蒙旗地带。新疆地区，内地汉民、回民携眷而来者，络绎不绝。此外，广西、云南、贵州、西藏、宁夏、甘肃等地，也都有大量流民汇聚。

在向边疆地区的扩散中，“闯关东”更是引人瞩目的焦点。关东，是指辽宁、吉林、黑龙江三省，因东北三省位于山海关以东，所以称为关东。

东北地广人稀，物产丰富，日本人称之为东亚的宝库，欧美人则说它是亚洲的新大陆，可见世界各帝国主义者对于东北如何垂涎。正因为关东资源丰富，地广人稀，才成为举世闻名的“蓄水池”——流民潮所归之所。

远在宋辽金元时期，就有汉族流民出关觅事。清代以后，尽管清王朝以东北为“龙兴之地”——清朝开国皇帝的诞生之地，屡次颁行严令，禁止汉人出关，但屡禁不止，流民担着担、提着篮、携着儿、带着女，或东出榆关，或北渡渤海，多方“闯关”。进入近代后，流民出关谋生者，日益众多。

“闯关”的流民，以山东、河北、河南、山西、陕西人为多。如河南叶县54村流亡东北的人数：1927年2301人，1928年5431人，1929年6651人。南召、夏邑等县因 1928 年灾荒流亡东北的人数，竟占该地总人口的 20% ~24%。

在各省“闯关”的流民中，还是山东人为数最多。山东是全国有名的“地少人稠”的省份，天灾人祸频仍，流民众多。晚清时期，“走关东”浪潮即蔚成大观。据当时的报纸报道说，东北奉天、锦州二府，土地肥沃，人烟稀少，地多不耕，数十年来，山东民人携眷而至者，颇不乏人。1876 年，山东各处大旱，荒象已成，收成无望，农民只好扶老携幼，结队成群，纷至牛庄，由此乘船转往奉、锦二府，有时一日之内到达牛庄的避荒流民达近万名，源源而到其他码头的流民还不在内。据逃荒难民说，有一个村子，共有 200 户人家，避荒而逃者就已达到 120 家。

民国时期，特别是 1922 ~1931 年间，形成山东流民走关东的狂潮，除了天灾人祸因素外，近代交通的兴起，也起了强有力的刺激、推动作用。每届冬令，胶济铁路总要为流民加开一两次列车，而结队成群、熙熙攘攘的情形，与拥挤在车上的流民之数不相上下。这一时期，山东动荡不安，兵灾匪祸连年不断，许多农民无法安居，被迫卖掉田地、房屋，合家出关，准备长居不归了。根据胶济铁路的一份调查，每日乘火车由青岛转赴东三省求生的流民，可达 3000 余人。这次流民狂潮，也为外国人所注目。据他们提供的报告说，在 20 年代里，由山东和河北向东北移民（主要是自发性移民，即流民）形成不可遏止的狂潮。这主要归因于河北和山东所遭受的饥荒、内战和匪祸。尤其是山东省，成千上万的田场被抛弃了，甚至全村荒废了。多少世代以来，都有向东北移民的倾向，如在19世纪70年代的大饥荒中，移民数量相当大；但是，从来没有像现在这样大的规模。从1923年开始发生的这次移民潮的特点，是有很大一部分人长期定居在东北，这些人大部分都往新开垦的黑龙江区，这种趋势是由新建成的从呼兰至海伦，以及从昂昂溪往北的铁路所促成的。另一些流民就在沿中东铁路的东段以及蒙古东南部——洮南地区等地定居下来。据铁路公司统计，1923～1929年进入满洲的移民在500万以上，其中有一半定居下来，有意义的是，在后来几年当中，许多移民都带着全家老小一道。总之，1912～1949年，虽然其间日本侵略者占领东北，截断了山东农民的一条出路，但流入东北的流民还是达到了1836万人，其规模之大，可以算得是人类有史以来最大的人口移动之一。正是他们，为东北三省的开发，做出了不可磨灭的贡献。

3 江南行

流民在农村地区的流动，还有第二种可选择性，这就是经济落后地区的流民流向经济发达地区。在这里，我们以淮北地区流民流向江南地区为例子，鸟瞰大概。

苏皖淮北流民的空间流向，虽然可以用“四面八方”来加以形容，即所谓“饥民四出”，“散之四方以求食”，但“江南流”是主流。杨金寿《流民叹》诗有云：“黄河倒灌淮河流，下河千里无平畴……道旁借问何处行，行人但指扬州城。扬州富盐策，酒肉朱门盈。”陶誉相有一首《逃荒行》的诗，写道：

淮徐大水凤颍旱，
千人万人争逃荒；
逃荒却欲往何处，
闻道江南多富庶；
锁门担釜辞亲邻，
全家都上黄泥路。

就是对淮北流民南向逃荒情形的描述。在他们的心目中，江南是“天堂”，“江南行”就是理所当然的了。

流民南向，或从此落地生根，或作为“候鸟人口”随季节变化南来北往。凡此，使江淮之间、江南各地乡间以及城市郊区，都有一定比例的“客籍”人口（外乡人）。如1880年流入宜兴的客民共4317人，其中来自河南2268人、浙江647人、江北1402人。无锡、金坛、六合等县，也有大量流民迁入。1912～1934年，来句容落户的外乡人共4680户，其中绝大部分自淮北而来。

流向城市郊区的也很多，如上海郊区的江湾乡，有相当数量的外乡人。他们大半是苏皖淮北地区逃荒而来的农民，有的开荒，有的租种土地，有的当小贩，还有子女去工厂做工的。再如，苏州郊区共27549户125973人，其中淮北等地的外籍户计有18313户，占总户数的66.47%，外籍人口共有78945人，占总人口的62.67%。那些行踪飘忽的流民还未统计在内。

至于农村流民的职业构成，要比城市流民的职业构成单纯得多。而且，农村流民对职业的选择，也可以在当地即不经过远距离空间运动来实现，这一点，与进城的流民略有不同。

农村流民对职业的选择，比较普遍的是重新回到土地，但不是占有土地，而是以其劳力受雇于人，实现与土地的结合。他们被称为佣工、雇工或杂户、浮客、浮食游民，是“没有生根”的农村无产者。

佣工，有长短工、月日工、季节工等形式。

对南向的淮北流民来说，季节工是比较普遍的。南北收获季节相错，为这种雇佣形式提供了可能。以稻米生产为例。江北各县盛产籼稻，下种早，收获也早，普遍在清明、谷雨间下种，立夏、小满间移植，白露、秋分前后收获，收获期更早的，往往在立秋、处暑之间。江南特别是苏、常、淞沪一带则以种植粳稻为多。粳稻一般在立夏后下种，芒种后移植，白露、霜降之间收获，最迟者在立冬左右收获。大江南北，水稻收获期相差达两月以上。因此，江北淮北一带农民，每于收获季节来临时，渡江南下，求雇于江南农家，晚稻收获后北归。至于旱季作物，除季节差外，经营比较粗放，这就连拥有小块土地的农民也要南向求雇于人，以增加收入。

淮北流民南向，也有不少是从事垦殖的。如太平天国失败后，沿江一带遭受巨大的创伤，人民大半走死逃亡，室庐焚毁，田亩无主，荒弃不耕。清政府令招垦荒田，于是淮北流民蜂拥而至，形成南向垦荒的高潮。经过垦荒，他们有的变成小土地所有者，有的成为佃农，有些则受雇于地主。以安徽来安为例。该地在太平天国失败后，耕地大多荒芜。地主、恶霸、官僚等乘机凭其封建势力，手指口讲，将山冈野地掠为己有。如半塔整个山区几乎都是向、田、朱、冯等姓地主的土地。起初半塔仅有少数熟田，后由淮北泗州、宿县、灵璧、睢宁等县受水灾的流民，及山东费县、滕县受旱灾的农民，逃荒至此，受雇于地主。地主为扩大剥削收入，凡是避水、旱灾荒来到当地的流民，都督促他们开荒。这些逃荒的流民，为维持生存，只得为地主垦荒。辛勤的耕作者，将荒瘠的土地开垦成为地主的良田。其他地方，也存在同样的情形。沿江江南地区经济的恢复和发展，流民功不可没。

民国时期，淮北流民流向江南垦区，开辟了一条新的谋生途径。以庞山湖农场为例。

庞山湖农场位于江苏吴江城东北约六里，运河横贯其境，水陆称便。

该场未开辟前，原是一块约万余亩的湖滩（即庞山湖），产蒿草及芦苇，为当地豪强霸占。1928 年国民党政府发起开垦，因民产纠纷，未能实行。1933 年，重新整理民产，建筑围堤，以十字港（在庞山湖中）为中心，划分为“田”字形的四个垦殖区，正式从事开垦，并定名为“模范灌溉实验农场”。至 1936 年，先后垦成一、二、三垦区。

农场共有土地 11880 亩，土质肥沃、潮湿，不宜使用畜力，均为人工耕种，机器灌溉。

农场采用雇工包种制，即耕种一亩田，以全年计算给工资 8.5 元（可买米一石半），所有种子、肥料及灌溉等费用，均由农场负担，收入也全归农场。因初垦时期，当地农民不愿冒险，只有一些淮北流民从事垦殖，人少工多，所以工资比较高。1935 年，淮北流民来此渐多，工资即由 8.5 元降到了 6.4 元。

靠租种农场土地为生的农民，共有 509 户 2143 人，几乎全是从淮北逃荒而来的流民，生活很艰苦。普通一年农产的总收入，只够维持 4 个月的开支，丰收可维持到 6 个月。故在秋收后至春耕前，就需外出经营各种副业，以补生活上的不足。他们经营的副业种类有：购买地货、捕鱼虾、做工、摆渡、摇渔船、开茶馆、开大饼店、养鸭、木匠、鞋匠、磨剪刀、拉人力车、踏三轮车、赶马车、运沙等。

垦殖（牧）公司的兴起，成为流民的一条重要谋生途径。庞山湖农场的开辟从一个侧面反映出这一情况。

总而言之，生活在江南的人们，年年看见许多淮北人来到江南各县的乡村，开垦荒田或是做佣工。这种现象，从晚清到民国，可以说从未间断过。

至于未经较远距离的空间运动的流民，他们赖以谋生的手段，主要是为人佣工，如打长工、短工、月日工、季节工等，这里就不细说了。

 漂洋过海

千百万流民，除了在本国范围内流动、寻找营生的门径，还大量流往国外，形成“出洋”浪潮。

出洋，指沿海一带居民，漂洋过海，异地谋生。“海路”因此成了中国流民潮的巨大泄洪口。

还在鸦片战争前，由海路外流的人口就屡见不鲜了。当时清政府实行闭关锁国政策，厉行海禁，凡私自出海经商或移往外洋海岛者，都在严禁之列，违者按反叛律治罪，处以死刑。尽管如此，“偷渡”情事时有所闻。据史书记载，1718 年，澳门一带仍多私自出洋者。1820 年，美国移民局有了关于中国人到达美国的正式记录，地近中国的东南亚自然去得更多了。

鸦片战争后，中国门户洞开，在西方列强的炮火之下，清王朝的海防体系被撕裂，华人出洋成为“合法”的了。出洋浪潮就是在这样的社会背景下涌起的。正如恩格斯所说：“在陆地和海上打了败仗的中国人将被迫欧化，全部开放它的港口通商，建筑铁路和工厂，从而把那种可以养活这亿万人口的旧体系完全摧毁。过剩人口将迅速、不断地增长——从土地上被赶走的农民奔向沿海到别的国家谋生。现在是成千成千地外流，到那时就会成百万地出走。那时，中国苦力将比比皆是——欧洲、美洲和澳大利亚都有。”西方资本主义的入侵，正是“出洋”浪潮骤起的重要原因之一。

同时，由于世界资本主义在这一时期的迅速发展，需要大量廉价劳动力去拓荒、开矿、筑路等。非洲的奴隶贸易也被禁止，许多资本主义国家感到劳动力缺乏，便把掠卖非洲黑奴的手段转施到中国人身上，被诱骗、拐骗、绑架、强行押上“浮动监狱”（贩运华工的船只）然后转卖出洋的华工，也指不胜屈。

综观中国近代史，尽管“出洋”潮有起有伏，但出洋人数呈现不断扩大的趋势。据资料统计，1879 年出洋人数为 300 万人，1899 年为 400 万人，1908 年达到 860 万人，1933 年更达到了 1160 万人。在这千余万人中，当然有许多被拐骗贩卖出洋的“猪仔”，但绝大部分还是以“自由的身份”出国的。所谓“自由的身份”，也就是我们所说的“出洋”的流民。

在出洋潮中，“下南洋”（东南亚）始终是主要流向。出洋的流民多来自台湾、浙江、江苏、山东等省，但以福建、广东人居绝大多数。这里面也是有许多原因的。一是福建、广东与南洋一海相隔，往返便利。如自福建至吕宋岛，只有 300 多海里，数日可达，其便利可知。二是闽、广海岸线曲折，当地人惯于海上漂流，视海洋为坦途。三是南洋各国为吸引华工开发南洋，采取了“最吸引人的条件”，如马来西亚联邦最大的一个州——沙捞越州，就颁布了一个包括给移民足够的免费土地、政府提供临时住屋、免费供给大米和盐一年、建立警察局保护居民安全、华人可永久居住在沙捞越等内容的特别通告，以吸引华工。四是由于闽、广两省人口压力太大。近代福建、广东人口与土地的比例严重失调，造成人口大量过剩。这庞大的过剩人口，困守家乡，除了坐以待毙外，别无出路。在这种情况下，海外谋生就是理所当然的了。1935 年，中国太平洋学会对“出洋”原因作了一番调查，发现因“经济压迫”而出洋的流民占到 70%，就是说，“经济压迫”是流民出洋的基本促动力。正是为了谋生，他们才不得不远离故土，漂洋过海，客居异域他乡。闽、广人如此，山东、浙江、江苏等省的海外谋生者也不例外。胡锡珍就是一个例子。

胡锡珍先生是意大利有名的华人企业家，长期担任意大利爱国华侨团体“旅意北部华侨工商会”会长，为中意两国人民的友好交往及祖国的建设作出了很大贡献。可是这位爱国华侨，永远忘不了他青年时代的痛苦经历。

胡锡珍是浙江青田县胡车村人。这里山多地少，是有名的穷山区。胡锡珍生长在一个贫穷的雇农家庭里，祖祖辈辈都在农村种田，父母弟妹一家 6 口，只种一亩多一点的地，无法维持起码的生活。因此，父母给地主当长工，4 个孩子也去替人割草放牛，受冻挨饿是常常有的事，至于上学就更不提了。1926 年胡锡珍 18 岁了，家里还是穷得一贫如洗，怎么办呢？当时摆在青田贫穷青年面前的只有两条路：一条是去当兵卖命；另一条就是冒险到海外谋生去。到海外去，又有两条路可走：一条走陆路，很多青田人带着一根扁担，肩挑着家乡出产的青田石刻和玉雕，沿途售卖作盘费，先闯关东到苏联，再沿西伯利亚大铁路向西去德国、法国、荷兰、意大利等国家；另一条走海路，搭船到日本、东南亚或欧洲去。胡锡珍因小时候未学过石刻手艺，因此想走海路到日本去。但家里穷，连路费也凑不上。当时常有日本海船开到温州采购木炭，胡锡珍便偷偷溜上其中一艘，躲在木炭堆里。本以为这样就能到达日本，不料船开出 3 天后，他被发现了，等船停靠上海时，就被日本人赶上岸。这样，胡锡珍只好流落上海滩做起苦力来。他在上海当了 6 个月苦力，前后遇到 17 位青田青年同乡。他们都想到日本谋生，经商议，一起向上海日本领事馆请求到日本去，但遭到拒绝，这 18 位青田青年便决定闯关东，往高丽（朝鲜），再转往日本。于是，他们经过长途跋涉，终于到达了高丽。高丽当时是日本的殖民地，控制极严，因此他们仍然无法进入日本，只好边做苦力，边等机会。8 个月以后，胡锡珍他们好不容易才搭上一只装运碎石的小木船偷渡到了日本。日本并不是什么天堂，胡锡珍在那里度过了 8 个年头的地狱般生活后，1933 年回到国内。然而，国内依然是谋生无门。与其困守待毙，还不如再度冒险到海外谋生。于是，胡锡珍变卖了所有的家产，漂洋过海，到了意大利。从此开始了他由小商贩到大企业家的艰苦的奋斗历程。从胡锡珍先生身上，我们看到了千千万万的中国人如何为求生而漂泊异域的苦痛生涯。

流民出洋，是中国近代史上惨不忍睹的一页。由于近代中国贫穷落后，在国际上没有地位，所以，华人在海外备受欺凌，过着非人的生活。从“猪仔”、

"猪花"这种带有侮辱性的语言，就可以想见他们处于何等卑微的地位。但不论是"猪仔"，还是以"自由身份"出洋的流民，无论他们流入何地，他们所洒下的汗水，他们对人类文明所作出的贡献，是世界各国人民所公认的。一片片荒原的垦辟，一个个地下宝藏的开掘，一条条铁路的敷设……凝结了他们辛勤的劳动。马来西亚联邦沙捞越州的诗巫就是一个突出的例子。诗巫原是寂寞荒凉、走兽出没、人烟罕至的地方，到了20世纪初年，也只有30多家简陋的小店铺。但是，随着华工前来开垦之后，诗巫便成为各垦场的中心地，农业生产日增，商业也兴旺起来，很快发展成为沙捞越第二大现代化都市。以至海峡殖民地总督瑞天咸说，马来半岛的繁荣昌盛，华侨之功居多。沙捞越王查理士也说，华族是一种优秀的民族，没有他们的勤劳苦干的表现，东方国家将失去光彩。

四　无奈的选择

1　乞丐漂流记

流民无论流向何方，如果能找到正当的谋生途径，倒也算幸运非常。可是，在近代中国，谋生门路十分狭窄，而抛向社会的流民又太过众多，许多流民谋生无门，无奈之下选择低贱的甚至是非法的职业以图苟活。当乞丐也好，充当炮灰也好，当土匪也好，走私贩私也罢，只要有一线生机，只得随之而去。这也是他们的“职业”流向——别无选择的选择。

先说乞丐。

无产可守，无田可业，行乞以图生存之男女，叫乞丐。在近代中国，乞丐很多，所以日本人长野朗说，旅行中国的人所感到苦恼的事情之一，就是乞丐的骚扰。在当时中国乞丐和贫民是不容易区别的，如果连类似乞丐的贫民也算在内，则其数目相当庞大。

行乞以图苟活，这类乞丐各地都有，如：安徽怀宁等地，贫民流离四出，壮者充当“苦力”，妇孺老弱“多流为乞丐”；河北逃离乡土的农民，全是最贫苦的农民，他们逃荒到他乡，无非赖乞食度日。当年在平汉、津浦铁路沿线旅行的人们，曾看到结群乞丐，川流不息地在各处徘徊着，灰青色的面孔，令人不忍目睹；在四川成都、重庆，马路街坊乞丐也极多。乞讨不过营生之一途。

乞丐大军是一个成分多样的群体，男女老幼、健壮残疾都有。他们或踯躅街头，白天吃的是包饭做的残肴剩饭，晚上则宿于垃圾箱旁、屋檐下、房角处或弄堂口，以报纸铺地，以牛皮纸及广告盖身；或游移于农村中；或往来于城乡之间，忽此忽彼，忽东忽西，像汪洋中的船漂泊不定。

乞丐队伍的膨胀或萎缩，依年份和季节而有所不同。有旱灾、水灾等自然灾害发生，流民队伍壮大，乞丐队伍壮大。1865 年 10 月 4 日英国人在上海出版的英文周报《北华捷报》（*North China Herald*）对上海的乞丐大军的出现，作了如下描述：

> 他们来自于淮北，那里蝗虫为害炽烈。他们随身携带着地方官给予的护照前来逃荒——护照详细说明他们到此的原因，证实他们的优良品行，宣称他们是好人，但是贫困地区的人。
>
> 一当粮食短缺——由旱涝蝗灾等引起，而政府又不能提供生活资料时——这样得到许可的丐帮也就不鲜见了。因为食品不能带给他们——既无钱购买，也没有交通运输工具——需要时穷人必须乞讨。

况且，在这块土地上，行乞并非很不光彩的职业，既然是这样，当乞丐领到护照时，便乐于从事而且无所顾忌。但他们不抢劫，不拒绝施予，长得身强体壮。当灾害过后他们通常悄然回归原乡时——也许他们已经跑遍了大半个帝国。

我们译引的《北华捷报》这段描述，基本上符合历史事实，至于说他们“不抢劫”、“长得身强体壮”，当然有些言过其实。

再如1931年长江大水，占灾区总人口40%的人流离失所。据金陵大学农业经济系的调查，在这批庞大的流民群中，至少有1/5的人以乞讨为生，其数目之大，的确令人瞠目。

乞讨也属季节性现象——作为家庭补充收入的固定办法而在农闲季节常为贫苦农民所采用。作为乞丐，他们在经济发达、生存环境较为稳定的地区构建一条公认的追求生活的道路。无论是大城市还是中小城市，每到冬天，总会看到乞丐人数大增，这里本来就是他们的会聚之所。实际上，农村也不例外。在江南，每入冬，总有大批江北徐州、海州及山东沂州等处的流民。成群结队，挨村索食，十日半月，去而复来。他们于秋收之后，年年南下，从未间断过。他们的到来，使江南人感到应接不暇，竟至于“鸡犬不宁”。

四出求乞的农民，开篇中说过，本来属于流民的范畴。无论是因饥荒还是贫困之家为补充家庭收入而用此手段，但他们并不完全寄生社会，因而还不能说完全是流民的职业流向。但职业乞丐，即以行乞为职业，实为流民的一种职业流向。

职业乞丐，行踪不定，城市、乡村、名山大川、寺院庙堂、旅游胜地……到处都有他们的踪迹。尽管他们以四海为家，行踪飘忽，但城市无疑是他们会聚之所。他们在城市大量沉积下来，形成一个庞大的寄生社会的群体。像上海、北京、广州、天津、南京、武汉、郑州、重庆、西安等，同时也是乞丐的丛集之地。

由于通过正当途径谋生的机会太少，造成丐业的畸形发达，特别是出现了一批“职业”分类极细的乞丐群。清末有一个叫徐珂的人，把乞丐的种类归纳为8种，即专门于别人家有庆吊活动时前往乞讨之丐、专走江湖之丐、挟技之丐、劳力之丐、残疾之丐、诡托之丐、强索之丐、卖物之丐等。20世纪初，上海沪江大学社会学系的吴元淑、蒋思壹两位女士，对上海700个乞丐进行社会调查，按行乞方法把乞丐归为25类，不妨转述一些。

告地状 人行道上，常见这类单身或带着小孩的女乞丐，坐在地上低头不语，或跪在那儿流泪。她们的面前，铺放一张白纸或白布，上面写些乞望路人解囊相助的苦情，也有的用粉笔直接书写在地上。地状的内容大同小异，有的说自己出身清白，是大族之后，却不幸父母双亡流落异乡，人情如纸薄，昔日师友亲朋均如陌路人，不肯相助。自思出身名门，不敢有辱祖先，无奈人地生疏，因而恳求仁人君子慷慨助以川资，以归故里；有的称自己丈夫染病卧床，大人孩子挨饿；有的说家有八旬老母生病，无钱医治，等等。

跟车　这种跟车乞钱的乞丐，大多集中在租界内。他们终日唱着江北小曲在马路上游荡，遇到载有穿戴整齐的妇女坐的包车或人力车经过，就紧紧跟随在车旁边，手里拿一顶破旧呢帽，或捧着双手，向车上喊着太太、奶奶或小姐之类，哀乞一个铜子儿。如果哀乞不得，就啐一口，骂一句什么，再等下一个。

顶狗或钉把　这种乞丐为数最多，以狡诈者为首。他们在街上向行人讨钱，有的手拿破罐等物，追随行人身后。口中不绝地呼唤："老爷、太太、少爷、小姐，做做好事，救条人命，保你多福多寿，升官发财。施我一文，功德无量；救苦救难，后福无穷。老爷、太太，行个好事，譬如造桥修路，给子孙积点阴德！"说得口沫横飞。有的行人被硬缠住不放，为了尽快走开，只好布施一个铜子。有时一不小心，随身的东西还会给顺手偷去。也有妇女抱着小孩，身旁领着大点的，跪在那讨要。那跟在身旁的大孩子，先趴在地上给人磕个头，然后追着张手要钱。

玩青龙　这种乞丐以江北人居多，大都性情强悍，手握臂一样粗的青蛇，向人强讨铜钱。

三脚蛤蟆　这种乞丐都是被拐骗来上海的外地孩子，将手足斩断，使之匍匐街头哀泣求乞。讨来钱交给领头的，换一口冷粥吃；讨不来钱，便要挨打。求生不得，寻死无路，过着凄惨的非人生活。

三老江湖　这种乞丐，三五成群，男女皆有，专以跑码头、走江湖卖艺为生。上海是通商大埠，因而他们常常在此驻扎。或打一套少林拳，或顶茶碗，或搭人山，或翻跟头，或拉起胡琴男女合唱一支《四季相思》，博得观众击掌称赞时，领班的即弯腰拱手讨赏，收入比叫街的乞丐总是多几倍。还有的在店铺门口用鼻子顶着筷子转碗，手里抛耍小刀，耍过一通之后便向看客及店家讨钱。如果不给钱而驱赶他们走，他们便说“打乞丐不是好汉”，赖着不走。店家为免得吵闹，便打发几个铜元。

凤阳婆　都是江北凤阳的贫民，三五成群在风雪雨露中行乞，年年可见。男的手持秫秸棍，女的手摇花鼓，头上歪戴着无顶的破草帽，上面插着几朵旧红绒花，头后绞梳着一个鸡毛似的小髻，唇涂胭脂面擦粉，口里哼着小曲，一边打鼓跳舞，男的相伴动作。表演一阵，即向行人讨钱。

拾荒　这种乞丐，大半是女人和小孩，以江北人、山东人最多。他们背着畚箕，手持竹夹在街头巷尾的垃圾箱中找破旧物，拿去换钱，每天可得两三角钱。

开汽车门　这类乞丐衣冠楚楚，专候在公司、戏院、酒店、舞场等处门口，将坐车来的车子号码记住，客人出来即去找来车子，恭恭敬敬地打开车门送上车，然后笑嘻嘻地伸手讨钱。倘不给钱，便饶舌不止。对没有车的客人，还代为叫车，以得到几个铜子。

码头丐　这种乞丐大都有家室，专候在各个码头帮人提包抬货，生意好时，一天可得七八角钱。

此外，还有从事拉车、走街、开天窗、水碗流心

(星)、不开口、顶香炉、念三官经、僧侣、残疾、拍胸、送财神、念春歌、赶节日、倒冷饭、拾香烟头等类乞丐。透过乞丐种类的划分，即可见近代中国丐业的发达。由于就业门路太少，加上天灾人祸频仍，乞丐职业化也就成为近代社会病态的反映。

丐业的发达，还造成专门性的乞丐组织，这就是丐帮。丐帮的出现，既是丐业发达的标志，同时又使乞丐职业化具有凝固性。

丐帮也是一种帮会组织，与青帮、红帮等帮会组织一样，它是一种模拟亲属结构的互助组织。人都具有天然依存性，正是这种依存性把漂泊无依的乞丐们集合到一起，组成一个又一个“乞丐王国”——丐帮。像包头的“梁山”、宁津的“穷家行”、天津的“官驿”等，都是有名的丐帮组织。

对背井离乡的流民来说，除了“果腹”这第一需要而外，他们还需要有个“家”。“有家要出家，没家要找家，哥们姐们抱一团，天下拣饭的是一家”。这首颇为流行的乞丐歌谣，唱出了乞丐们对“家”的渴望，他们希冀在异地有一个“大家”互帮互助，在这个“大家”中，需要有一个类似族长的首领进行家族式统治，并给他们提供保护，于是丐帮组织的核心丐头产生了。

丐头，就是人们通常所说的丐帮帮主，各县都有这种管理乞丐之人，或官方委任，或丐伙公推，或凭实力“打出来”的。据前引两位女士对《上海七百个乞丐的社会调查》透露，丐头大抵是豪强有势的，由知县委派，分区管理。他对于各区内的乞丐，有绝对的权威。新来的乞丐，必须先到丐头的地方，替他服役，或是每天津贴多少，或是受重打一顿。假使他能够忍耐，就可以在那区内行乞。丐头因为要禁止乞丐沿路求乞的缘故，每月向商店征取丐捐，他发给商店一印就的红纸，贴在门口，就没有乞丐去求乞了。不过，当他发钱给乞丐的时候，他往往从中取利，并且仍旧放纵乞丐，让他们沿街求乞。这是近代上海丐帮的大致情况。

乞丐王国等级森严。有不听约束者，丐头有权进行处治。丐头一般都有“杆子”（俗称“打狗棒”），有时用既长且粗的旱烟管代替，这是权力的象征，也是惩罚乞丐的工具。在北京，有蓝杆子、黄杆子之分。蓝杆子，管理普通的乞丐；黄杆子，管理宗室八旗中的乞丐。

乞丐入帮，也有一定的成例，他要把三日行乞所得，全部献给丐头，这叫“献果”。献果越多越光彩。以后按乞讨所得抽若干成献于丐头。另外，还要举行一定的入帮仪式。就拿“穷家行”的“拜杆”（即入帮）来说，拜杆时，必须有三个人参加：一是师傅，二是明师，三是引师。摆上一个一尺长的黑红杆（红朝上，黑在下），有一酒壶，喝酒自饮，不用酒盅。双手抢酒壶，在座的轮流喝，宣布认师傅（丐头）时，必须给师傅磕头，当时师傅告知：徒弟是多少世，明师、引师、师傅各是哪一门的、姓名。进了“穷家行”，一般还有半年的考验期。丐头对新入行的乞丐，要教给行乞的方法以及帮规、“春典（行家黑话）”，这是他的责任。丐遇疾病、死亡等事，他要酌量给予抚恤，或诸丐分担义务，以此来体现丐帮“大家庭”的团体精神。

丐帮与丐帮之间，因利益所关，常常互相排斥。在一些较大的城市，往往分疆立界，各守门户，两不相犯。如包头“梁山”就是江湖上“锁”、“里”两家的联合组织。这两家的组织在华北的其他城市都有，他们的区别是“锁家独霸一方，里家走遍天下”。锁家供奉的祖师是明朝的永乐皇帝，以吹鼓手和六合铺的抬轿夫为基干，但只能在一定的范围内活动，这个范围叫“方场”。包头锁家的“方场”，东至莎尔沁镇，南至大树湾，西至麻池镇，北至石拐沟，超出这个“方场”的范围，即不能招揽红白喜事。

上海公共租界北四川路、天潼路一带，是广东籍乞丐的地盘，他省乞丐不能介入。杭州西子湖畔，则是绍兴丐的天下。因此，乞丐王国里也并不平静，抢占地盘，乃至械斗流血，都是在所难免的。

丐业的发达、丐帮的历久不衰，是社会病态的一种表现，作为流民的一种职业流向，其对民族道德的腐蚀作用极大。俗谚说，“三年讨饭，不愿做官”。丐业的发达，足以养成怠惰的国民性。还是那位徐珂，说他对乞丐的看法有四次变化：开始表示同情，同在蓝天下，我们衣食不愁，唯独他们受冻挨饿；继而恨他们，因为他们寄生社会，不知另谋生计，依赖成性；过几年，又表示同情，认为社会不讲求教养之道，使他们谋生无门，不乞讨不能生存，责任在社会而不在他们；又过数年，则深恶痛疾之，希望天降大灾淘汰他们。意思是那些人懒惰成性，如果不借旱涝之灾及瘟疫淘汰他们，将危害好人。

乞丐群落，是一个人鬼混杂的世界，有令人同情的落难者，有行乞兴学的“旷世奇人”如武训，当然也有堕落成为社会寄生虫的，不能一概而论。

2 “跑东洋”

“东洋”，指的是日本。但“跑东洋”并不意味着要到日本去谋生，而是近代中国对人力车夫的戏称。人力车在中国有不同的称谓，在北方有称“洋车”、“胶皮”的，在南方或叫“黄包车”、“东洋车”，是近代后期中国城市交通的主要工具。因为人力车起源于日本，所以许多人干脆把拉人力车的车夫们谑称为“跑东洋”了。

人力车是清朝光绪年间传入中国的，陈列在颐和园内的慈禧太后曾坐过的铁皮车，就是中国最早的一辆人力车。因车的两个轱辘是用铁皮制成的，故称铁皮车。入民国以后，铁轮改为胶皮轱辘。人力车传入中国后，很快风行于各大中城市，成为城市交通的重要工具，“拉车”自然也就成了一种新的职业。

看过作家老舍的小说《骆驼祥子》，或根据小说改编而成的同名电影的人，都知道祥子就是人力车夫，他不仅经常受车行的剥削，还要受到政府“车捐”的剥削，遇着野蛮的军人、地痞流氓之流，坐车不给钱，有时还会挨打。这正是对人力车夫的真实写照。人力车夫的命运是悲惨的，一个叫马扎亚尔的外国人把他们称为“牲畜式的劳动无穷的在踏践着人类”。尽管他们的劳动是“牲畜式的劳动”，但却是许多无所依归的失业者，特别是流民一种别无谋生途径下的无奈选择。正如1935年出版的《东方杂志》说，上海、武汉、南京、天津、北平（北京）、广州各大城市的人口在一天天的增多，这主要是农民大量流入城市造成的。然而在民族工业枯萎的境况下，原来的工人已经一批一批地被抛弃于十字街头，背井离乡的农民自然不容易找到工作，结局只有充当牛马拉黄包车了。

本来，从交通发展的过程看，交通工具应该是机械力排挤并取代人力的过程，然而，在近代中国，我们却看到随着汽车、电车的日推日广，人力车辆不仅没有萎缩，而且反呈增加趋势。如南京，1927年共有人力车5457辆，1928年为6188辆，1929年为8688辆，1933年增加到9493辆；上海，1914年为14867辆，1924年为19882辆，1934年达到24309辆；杭州，1927年为2974辆，1929年为3105辆，1933年增加到4240辆；天津，1928年为18424辆，次年即达到21094辆，1932年更增加到22981辆。如果没有车辆数额的限制，人力车辆激增会更快。车辆的激增，并非完全出自需要，它有着特定的背景，这就是农村经济濒临破产，农民备受生活之鞭的驱使，不得不背井离乡，投奔城市。而赤手空拳、素质较差的农民，又找不到相当的职业，因此，除当兵外，只得拉车了。据当时人调查，南京1350人力车夫，其在未拉车以前的职业，种田占56%，小贩占7.44%，手工业者占5.57%，苦力与佣工各占5.26%，兵警占4.74%，此外还有公役、经商、机器匠等。又据上海工部局人力车夫委员会调查，50个人力车夫中，农夫30人，纱厂工人6人，商人3人，苦力4人，更夫3人，渔夫、船夫、木匠、学校教师各1人。再据杭州市的调查，农村失业者占57.97%。车夫大多数为农民的情形，于此显示无遗。其实手工业者、苦力、佣工、兵警、纱厂工人、更夫、船夫等，他们的前身也都是农民。农民直接间接流为人力车夫的，有人估计至少在70%以上，实则还不止此数。据前引南京的同一调查，人力车夫有无种过田，结果1350人中，种过田者有1128人，约占84%。这说明，人力车的增加，是农村凋敝深刻化的反映，人力车夫的职业，乃是无所依归的流民迫不得已而选择的谋生方式。正如上海工部局人力车委员会的报告中所说，人力车夫大都是农村中破产的农民，在乡间无法维持生活而来到上海谋生。因他们没受过教育，没有专门的谋生技能，因此不得不仿效牛马以图生存。

破产失业被迫离开农村的农民，奔向城市找拉车的生活，以为从此可以跳出苦海，然而却大失所望，车辆的限制，首先给源源而来的人力车夫以当头一棒。车辆有限，一辆车的车夫一般都在2人以上，有的城市可达4～5人，如上海有车2万余辆，而车夫数竟超过8万人，换句话说，4个车夫的生活借助于一辆车。依靠拉人力车生活的人，缺乏全面的统计，据1920年代的资料，仅北平、汉口、南京、杭州、天津、青岛、上海、广州8个城市，就有33万人，而且逐年有所增加。更何况，每个车夫平均至少要养活4个人（妻儿老小），直接间接依靠拉车生活的人不用说就更多了。

要想靠拉车糊口，首先得给介绍人和车行老板送礼，才能租到车子，有时还要先付半年押租给老板，这样，没有拉起车子就已经负下了一笔债。拉车的收入，同样也是很难维持生活的。一辆车子分日夜两班营业，每车每月约分60班，而每一车夫每月有车可拉时，平均不过15班左右。拉车次数少，收入就少，比如在上海，每一车夫每月净收入平均为9.45元，而自身生活费用就需10元以上，自顾不暇，如何能赡养家庭？所以，车夫的妻子儿女，或拾荒，或乞讨，以维持吃不饱、饿不死的生活。也正由于拉车克扣繁多，收入低微，所以车夫们的衣食住苦不堪言。工部局人力车委员会提供的“报告书”，有一段真实的描述：

> 彼等（人力车夫）因本埠（上海）房租昂贵，无力赁租，大都如猪一样，七八人或五六人挤卧于一丈纵横三四尺高放车者用以搁置车辆之屋内阁楼上；其窝内虽有无数之大肚臭虫，乘彼等酣睡时群出吮吸啃咬，但彼等因拉车之过度疲劳，已不复能感觉痛痒矣。

> 车夫之携有家眷者，则因男女同居一室不便，只有在荒地上或污水河岸边，用竹木破席铁片，搭成一鸽窝式矮窄之房屋，以便烧饭与睡眠。彼等所食之饭菜，亦大都极恶劣粗糙、没有多量滋养、淡而乏味者。

从这段并不难懂的描绘中，我们明了车夫们“住”如何、“食”如何了。“衣”也破烂不堪，夏不蔽体，冬不御寒，是常见的。

至于他们的工作状况，就更苦了。酷暑也罢，严寒也罢，时时刻刻有一条无形的鞭子在他们身上抽打着。在火伞高张之下，喘气如牛、挥汗成雨般地拉着奔着，在朔风凛冽之下，也是战战兢兢、临深履薄般地拉着跑着，纵然热死冻死，为活命养家而死，为偿付车租而死，这又有什么办法呢？

尤其值得注意的是，由于“牲畜式的劳动”过劳过疲，人力车夫拉车的时间并不太持久。人力车夫开始拉车的年龄一般在30岁左右。在上海平均拉车不到10年；在南京，拉至5年以上者，就不多见了。这一点，外国人也有过观察，马扎亚尔就说，人力车夫平均只能拉5~6年，最多10年。这个时期过后，他们就不能够支撑，而变成跛子、乞丐、盗匪，或因饥寒贫病而倒毙。拉车生活的确成了劳动者的催命符。据1935年出版的《中央日报》报道，一个人力车夫，年约40岁左右，拉一空车，倒毙在实业部门口，后经法医检验，系因病身亡。这样的例子并不鲜见。在北平，曾有三个出了名的“棒”车夫，外号是“一溜烟儿”、“花裤腰”和“伊犁马”，他们的结局也许可视为人力车夫的缩影。

“一溜烟儿”，身材很高，腿长，脚大，跑起来，一会儿就不见了，所以人称“一溜烟儿”。他给京戏青衣、花衫演员姚佩秋拉自用人力车。姚家住前门外大安澜营路东，每天由家去珠市口第一舞台演出，演毕回家吃点心，再赴各堂会演戏，坐人力车从没误过事。“一溜烟儿”在短歇的时候，总爱喝碗酒。因为他爱大口喝酒，喝得太急，后来得了酒嗝，再也“一溜烟儿”不起来了。

“花裤腰”是个短腿车夫。因他无论春冬总穿花裤腰的裤子而得名。他曾给说单口相声《戏迷传》的名演员华子元拉自用车。华家住前外五斗斋。每天上城南游艺园及各杂耍园子演艺。还经常加演宅门的堂会。由于华子元抽鸦片烟，人很懒散，弄不好就误场，但“花裤腰”从未给华子元误过事。后来，他在去蟠桃宫庙会时，因喝凉水炸了肺，再也拉不动了。

“伊犁马”常为前门外妓院的名妓拉自用漂亮车，跑得又快又显眼，故有此号。后来他又拉上了英国买办。有一次，他由东交民巷至永定门外的跑马场拉来回，因为跑得太快，道途又远，累得吐血，不治而亡。

人力车，作为一种谋生工具，的确养活着一批人，同时也吞噬着人。

人力车是以人力代替牲畜或机械的一种交通工具，从社会进步的意义上说，是应该淘汰的。因此，当人力车风行于大中城市并渗入乡镇时，淘汰人力车的声浪也就此起彼伏了。淘汰人力车的理由有很多，在此不妨举出一二。有一位叫陶孟和的知名学者，从社会福利的立场上，提出废弃人力车的四大理由：①人力车夫的劳动极费力，虽然竭尽全身之力，而每次被拉者不过一人。②人力车夫的工作不合卫生。伛偻奔跑的姿势妨碍胸部的正常运动。急迫的呼吸，所吸又为大街上污浊的尘埃，有害于肺部的健康。身上穿着汗垢的衣服，容易染上各种疾病。③其所付出的劳动与所得到的报酬相比，收入极少。④人力车夫的劳动几乎全凭体力，不需要多少知识技能。因此，这种剥削国民精力，妨害国民健康，甚至贻害及于后代的职业，应该废除。另一位知名学者胡适则从物质文明和精神文明的立场上，提出废人力车的主张。他认为，中国文明与西方文明的界线，就是人力车文明与摩托车文明的界线。人力车代表的文明就是那种用人做牛马的文明，摩托车代表的文明就是用人的心思才智制作出机械来代替人力的文明。把人做牛马看待，无论如何够不上叫做精神文明。用人的智慧制造出机械来，减少人类的苦痛，便利人类的交通，增加人类的幸福，这种文明含有不少精神文明的成分在里面。胡适主张废除人力车而代以机械车，这是显而易见的。上海人力车委员会也有“必须盼望前途能有将人力车逐渐在上海街道上消除之时”的设想。无论从社会福利，还是从物质文明，还是从人道主义的立场上说，废除人力车是理所必然的。而且，人力车的大量存在，还是社会进步的障碍因素。在北平，曾有数千车夫卧在电车轨上阻止电车的通行；在广州，1926 年因人力车夫的强烈要求不得不限制公共汽车的行驶；在汕头，1927 年人力车夫捣毁了第一辆公共汽车；在杭州，发生过人力车夫捣毁全市的汽车行和汽车的事。但从社会进步的趋势上说，机械排挤、代替人力也是势所必至的。

可是，废除人力车谈何容易。人力车夫大都是农村中破产的农民，他们在农村无法维持生活才逃往城市，在谋生乏术的情况下才选择“牲畜式的劳动”——拉人力车，以活命养家，如胡适所说，“我们坐在人力车上，眼看那些圆颅方趾的同胞，努起筋肉，弯着背脊梁，流着血汗，替我们做牛做马，拖我们行远登高，为的是要挣几十个铜子去活命养家”。而且，能够拉上人力车还算幸运，总比行乞街头无所依归好些。一旦人力车废除，成千上万的车夫就会立即断绝生活来源，其后果更不堪设想。当时就有人指出，废除人力车的主张，无论其动机出于为社会福利，为物质文明还是为人道主义，其结果反为社会祸害，为物质罪恶，为残酷主义。理想与现实相背驰，这在近代中国是常有的事。当然，抗战以后，人力车逐渐让位于三轮车，这是一个进步，但三轮车仍然是一种“人力车”，仍然是流民的一种职业流向，这里就不多讲了。

 当兵吃粮

在旧中国向来有“好铁不打钉，好男不当兵”的民谚。在近代中国，当兵很难说是尽所谓国民义务，而只是一种职业，一种并不十分光彩、甚至可以说是一般人不到走投无路都不愿意选择的职业。正因为如此，人们才认同“好男不当兵”的价值取向。但是，在谋生维艰、兵灾频繁之时，当兵反成为流民的重要职业流向——谋生的途径。无论是征服者的军队，还是被征服者的军队，甚至是土匪的军队，只要有饭吃，就可从戎。（广义的“当兵”，应指投入这三个方面的军队）因此，“当兵吃粮”成了众所皆知的口头禅。

如前所述，近代中国是兵灾匪祸频仍的国度。特别是辛亥革命以后，资产阶级革命胜利果实被北洋军阀袁世凯窃获，政局日非。1916 年 6 月 6 日袁世凯死后，北洋军阀在帝国主义支持下分化为以冯国璋、曹锟、吴佩孚为首的直系，以段祺瑞为首的皖系，以张作霖为首的奉系三大军阀集团。此外还有盘踞云南的“滇系军阀”唐继尧、顾品珍，统治广西的“桂系军阀”陆荣廷、谭浩明，以及分布在各省的为数众多的小军阀。军阀主义的一个明显特征就是战争，纵横捭阖，不断地彼此厮杀。从 1911 年到 1928 年间，总数超过 1300 个敌对的军事集团进行了约 140 场战争。战争一次凶似一次，战区一次大似一次。1916 年至 1924 年间每年战区所及平均有 7 省之多，而 1925 年至 1930

年这6年间平均更增至14省左右。战争一方面破坏着中国的农村经济，破坏着农民生存的脆弱基础，造成众多农民流离失所；另一方面，战争的不断扩大，又不断造成对兵源的需求，这对那些无以谋生的流民来说，也不失为一种选择。1924年1月出版的《中国青年》载文说，一般人内心深处是不愿当兵的，可是为什么整千整万的人明知兵凶战危而要去当兵，并以当兵为一种职业呢？实因肚子饿了，眼睛花了，为解决吃饭问题，虽欲不当兵而势有所不能。朱德元帅回忆说，几乎全中国每一省都处在军阀部队的铁蹄下，农民的收成被践踏得一干二净，成了一望无垠的黄土沙漠。依靠土地生活的农民，为了混一碗饭吃成千上万地当兵去了。社会学家陶孟和在《社会科学杂志》1930年6月号上发表《一个军队士兵的调查》，分析了中国军阀统治时期军队中的士兵来源。他分析的是1920年驻扎在山西太原的警卫旅5000人之中近千名士兵的社会背景。在那些士兵中，有87.3%来自农村或没有职业的家庭，其余的是来自小手艺人、商人、医生、教师家庭。那些从农村来的士兵，有71.1%的家庭不能单靠种田维持生活。尤其值得注意的是那些士兵中只有21%的人父母已故，而49%的人双亲俱在，也许这部分士兵的父母还有子女在家照料他们，可是还有21.3%的士兵竟是独生子。从这份调查材料可以清楚地看出，在民国时期，当兵实在是贫苦农民的一条谋生之路。

“当兵吃粮”是近代普遍的现象，全国各省都有，不妨再举几个例子：在湖南，据报载，连年兵灾，农民多半入伍为兵。在广西，据该省政府统计局调查，永淳、北流、容县和信都 4 县 24 村的离村农民，有 1/4 的人投身军警界。在四川，投入军中的流民不计其数，作家沈从文曾写过一个短篇故事，描写 20 年代四川一个穷人弃农当兵的经过：陈老三是个贫农，在农闲时抬滑竿（没有避风雨设备的轿子），因为抬滑竿和农业负担的捐税太重，不能维持生计，于是被迫放弃了农业，逃到成都入了伍，只有那样，才“有吃、有穿、有钱用”。在广东雷州，失业人数 40 余万，几乎占全人口的 40%。当土匪的人数可达 3 万，当兵的人数，无论在邓本殷方面，在陈学谟方面，或粤军、桂军、滇军方面，触目皆是。在河南，《东方杂志》报道说，找不到任何出路的农民，便去当兵或当土匪。河南土匪之多，差不多尽人皆知。而中国军队中，河南人也往往占很大比例。例如许昌五村 40 户不从事农业生产的其他村户中，有 4 个人出外当兵，镇平六村 41 家其他村户，当兵的有 5 个。贫民中出外当兵的还不算在内。“好男不当兵，好铁不打钉”这句谚语，在河南人的字典中似乎找不到。

在一些经济落后，社会动乱不安，流民众多的地方，当兵有时甚至形成一种风气，如江苏、安徽淮北地区就是如此。在近代，淮北从军者，难以数计。如萧县，天灾人祸兵匪交乘，农村经济日趋破产，农民只好另谋出路，去充当士兵或保卫团丁。铜山县有一个名叫段庄的小村，只有百余户农家，但其中曾经当过兵者有34人，调查时还在行伍间者有23人，约两户人家中，就有1人当兵。这种情况，在淮北并不鲜见。1913年11月18日出版的《时报》，还描述了淮北人当兵急切的情形，说张勋的部队，大多是苏皖淮北地区人，士兵的乡亲不待招募而追随到南京，要求补入兵籍者不下万人。可见当兵的风气几乎弥漫于整个淮北社会。

当然，当兵对许多人来说，并非出于自愿，如在贵州，名为募兵，实则强迫；四川军阀更是惨无人道，每以拉夫为名，拉着青年子弟，不问其愿否入伍当兵，拿出军装，强行穿在他身上，驱赶到前方打仗。像这种“抓壮丁”的情况，各地均可见到。但对无以谋生的流民来说，当兵还是多出于“自动”，这是一条谋生的途径。正如1929年出版的《时事新报》谈到北方各省踊跃投军的情况说，兵多酿成灾荒，灾荒更造成多数从军之人，今日中国北方，简直成了灾与兵的世界，灾区人民无生计可觅，求食最简捷之道，无如投军。

当兵吃粮，对流民来说是天经地义的。一旦饷项无着，他们就开小差，甚至哗变。饷项一般很低，如民国时期，饷项是一种“劳动工银”（即工资），他们依赖这种工银而衣食生存。工银之内要扣去伙食费。士兵饷项大体上每月5元，是属于普通劳动工银的下等。尽管工银低下，但毕竟还能混碗饭吃，所以流民争趋。正因为如此，中国的军事领袖，都能不费吹灰之力，而招募一支庞大的军队。李鸿章到两淮登高一呼，淮军速成。1924年秋，吴佩孚和他的直系军阀在山东大招军队，济南大街小巷布满了招兵的白旗，就连曹州极偏僻的地方也有白旗迎风飘摆。山东人口素称稠密，加上天灾人祸频仍，求生艰难，因此每天可以看到络绎不绝的人群汇聚到白旗之下。有时甚至可以看到，为了迅速招募一支军队，干脆把招兵的旗帜插到流民徘徊的十字路口，等到招集起一些人，这些人穿起制服，即随之而去。

在近代中国，农民流离失所，一个很重要的原因就是“兵灾”，可是，流离失所的农民为了生存，在饥饿的驱动下投戎从军，这不能不说是近代中国的悲剧。

4 千百成群的盐贩子

除上述“职业”流向外，凡能够创造生存机会的“职业”，流民都会踏破铁鞋去追觅，即便是越轨犯禁，也无所畏惧。于是，在流离世界里，出现了千奇百怪的“越轨”现象，像贩私盐、贩烟土（鸦片）、走私军火，甚至贩卖妇女儿童，都有流民涉足。其中贩私盐，可说是流民的重要谋生手段，正因为如此，“私枭”成为历代的严重的社会问题，而这一社会问题，一直延续到了近代。

食盐问题关系国计民生，它不仅是一个经济问题，而且是一个政治问题。从所谓“盐政”二字，可以想见历代统治者对此问题的关注。但是，近代并没有解决前代遗留下来的“私枭”问题，如：湖北，“川私充斥”；浙江，缉捕私盐，“捕不胜捕，防不胜防”；江西，“每为浙私粤私所侵入”，恽代英也说，“我在江西九江的时候，亲眼看见挑私盐卖的”。四川、江苏、安徽、山东、河北、河南等省，都有为数众多的私盐贩子。近代中国始终未能杜绝“私枭”的再生，尽管清朝统治者把“缉私”作为第一要务，尽管民国政府先后颁布了《私盐治罪法》、《缉私条例》、《私盐充公充赏暨处置办法》等律例，但收效甚微，究其原因，归根到底是盐法不良造成的，同时，流民的大量存在也不可忽视。

近代盐政体制，基本上因袭前代，将全国划分为长芦、奉天、山东、两淮、浙江、福建、广东、四川、云南、河东、陕甘等11个盐区。行盐的方法：官督商销为主，官运商销、商运商销为辅；商有场商（主收盐）、运商（主行盐）；商人必先从盐运司领取照单，然后拿单到盐场购盐；人们只能食所在盐区的食盐。这种体制，看起来有条不紊，实则弊端丛生：条块分割，形成许多官商结合的封建割据性商业集团；食盐购销中的捐派、上贡、“官受商贿”及其他弊窦，造成盐价的不断上涨，增加人民负担，影响人民的日常生活；各区盐价不一，盐价低的地区向盐价高的地区浸灌，“私枭”肆行。这一点在两淮地区显得比较突出。

两淮盐场地处江苏省东部海滨，介于长江口至苏鲁交界区500多平方公里的海岸线上。自汉代开始，两淮盐场就是中国最著名的盐场之一。明清时期，两淮盐课（税）“甲于天下”，在国家财政收入中居于重要地位。但进入近代以后，两淮盐政失控，淮北盐务几乎“全废”。这当然有多种因素，其中淮北流民众多，“私枭”肆行至关重要，而这又是盐法不良造成的。下面以淮北地区为例，看看“盐枭”活动的情形。

苏皖淮北地区是长芦盐区和两淮盐区交错的地区，但食盐差价颇为悬殊。如皖北颍州、亳州为淮盐区，其他则为芦盐区，淮盐每斤值钱40～50文不等，长芦私盐，每斤不及半价，所以淮盐区的百姓自然喜欢购食芦盐。加上壤地相接的地利，为贩私创造了条件。据调查，咸丰年间（1851～1861），一吊钱到单县可买芦盐30斤，贩到皖北，20斤就可卖一吊钱。那些从土地上游离出来的流民以及贫困的农民，看到有利可图，或肩挑，或车运，争趋贩私，以致“私贩肆行”。当时的皖北就是贩私的中心。贩私成了许多流民的谋生方式。

私枭日众，盐务日坏。19世纪中期，宿州每年销芦盐20893引（“引”是食盐买卖的单位，每引为400斤），而相邻的亳州每年只销淮盐5033引，颍州6县共只销淮盐24216引。淮盐滞销，“私贩肆行”是主要原因，正因为如此，统治者把“缉私”作为第一要务，到处设卡；以致淮北盐巡（缉私人员）充斥。但这不仅没能解决问题，反而激成事端。

淮北是流民众多的地区，贩私盐是他们生活的一个重要来源，当时有人担心“缉之过严，穷人无所归矣”，就是说，堵塞了他们谋生的门径，他们将如何衣食生存？但盐巡无不借此肥己，见携有升合者，即指为贩私，进行敲诈勒索，因此而酿成重案者，指不胜数。

贩私盐是一种犯法行为，自有危险性，加上要与盐巡做斗争，走私团伙逐渐武装起来。其间，有好勇斗狠者，专为盐贩做保镖，形成“保贩私盐”团伙。据历史记载，贩私水陆所经之地如安东、清河、山阳、盱眙、泗州、怀远、沭阳、桃源、宿迁、睢宁、邳州等处地界，均有地棍土豪私立盐关，索费包送。这是保贩私盐的情况。与太平天国革命同时，淮北地区爆发了捻军起义。捻军的前身捻党就是在贩私盐和保贩私盐活动中，逐渐成长发展起来的。捻军歌谣唱道：“贩私盐、贩私盐，穷爷们结成捻。”贩私盐活动，成为孕育捻的一个温床。正因为捻与盐贩有着密不可分的关系，所以有的史籍把“捻”误释为“以其贩私盐、捻小车，故名”。其实“捻”是淮北土话，是一群、一伙、一股、一帮的意思。

无论是“盐枭”，还是“捻党”，都是流民的“职业”流向。“捻党”在贩私盐活动中萌生，他们既是“盐枭”，又保送私盐，是贩私盐活动中的主要角色。在捻党、捻军的构成中，私盐贩占了很大比例，在捻首之中，很少没有贩过私盐或保贩私盐的，像捻军领袖张乐行、张宗禹等，就是在走私贩私活动中聚集人马（主要是流民）掀起抗清起义的。

捻军战争时期，两淮是主要战场，战争的影响，使淮北票盐，片引不行。战争结束后，“盐枭”问题并没有解决，淮北自海州东北的灌河口到赣榆西北的荻水口，绵亘200余里，系滨海之区，处处可产盐，处处可透私。同时，官盐价昂，老百姓自然舍重就轻，买食私盐，这使盐枭活动如故。

私盐充斥，盐枭横行，使国家财政收入受到严重冲击。因此，政府采取种种措施严厉惩治贩私活动，但所有措施都显得苍白无力。盐法不良，加上农村经济经常小起大落，被抛出正常生活轨道的流民众多；又因私盐买卖用不着交税，本薄利厚，当然吸引流民趋之若鹜，并在走私活动中结成大的走私团伙。清末、民国时期的曾国漳、朱大狮子、徐宝山、马玉仁等盐枭巨头，都曾拥有成千上万的徒众，基本上都是流民。至于缉私营，淮北盐场就有13个，但大都以缉私为名，对往来客商场进行敲诈勒索，而对于大股盐枭，则内勾外联，互通声气。入民国以后，两淮缉私营大多由招抚的盐枭组成，人称“官家旗号，土匪队伍”，他们直接间接参与走私贩私活动，所谓“缉私”，不过是一句空话。

再就直隶（河北）而言。直隶是长芦盐场所在地。地利所在，直隶穷苦失业之人争相贩私。民国时期，走私途径有以下几种。

滩坨（露天盐堆）走私：在芦盐产区，每年春秋两季从滩地爬盐归坨时，附近穷民于夜间涉水越沟，偷运私盐，多用肩挑，每人不过挑百余斤，在附近村庄零星售卖；也有整批卖给私贩，用驴驮至内地洒卖者。主要走私地区在天津附近的卤水沽、葛沽、新城等缉私队监视不到的地方，但为数均不甚大。至华北沦陷，日寇控制整个芦盐产区以后，附近居民更是生活无着，加以主管滩坨的公务人员勾结缉私官兵贪污卖放，以致产区走私情况日趋严重。以塘沽一区而论，每届归坨时期，即有大量私盐运至村北炮挡后公开贩卖，俨然如私盐市场。

越境海私：这种海私是由邻省贩运而来，主要是山东省沿海产区所属的滨县、石岛、羊角沟和利津等处，由沿海船户用大海船装运大批私盐，运到直鲁交界的海丰、无棣、程子口外，由当地私贩用驴驮运到内地行销。当时私贩系有组织的行动，每次驴驮多至三五百头，海船结队载运私盐，动辄数十万斤，无捐无税，售价格外便宜，故内地各县居民争购。在民国初年，有一个时期直隶省境内有数十县官盐店竟至停秤。造成这种现象的主要原因，正如曾任长芦盐务局局长的李鹏图所说，“当时官府横征暴敛，民不聊生，老弱死于沟壑，少壮者遂铤而走险（走私贩私），此为根本的社会问题”。在缉私队到达时，私贩暂避一时，缉私队走后，照样活动，不可能从根本上解决问题。

废滩野私：沿海地区已经作废的盐滩，一经海水冲入仍可曝晒成盐，故称“废滩野私”。如1928年，在沧县、盐山两县沿海地区原有“海丰”、“严镇”两场的废滩，因当年海潮特大，海水大量冲入滩内，次年春，遍地野盐厚达尺许。当地失业者联络邻近各县如文安、大城、霸县等县乡民，用大车装载野盐，运往内地各县售卖，自春至夏，每天有数百辆私盐大车经过。盐枭活动情形，可见一斑。

贩私盐是流民获取生活资料的重要途径，即使越轨犯禁，也在所不辞。以上所述，从一个侧面反映出这种情形。

五　多元复杂的影响

1 流民进城的是是非非

流民是一个复杂的群体，其对近代中国社会的影响，也是多元复杂的，有积极影响，也有负作用，这要作一点具体分析，不能一概而论。先看看流民进城的是是非非。

前面说过，农民离村后，很大一部分流向城市。他们的到来，对城市社会产生什么样的影响？当时很多人认为，他们大量涌进城市，一方面，使农村失去生产的中坚分子——青年劳动力，而另一方面产生了大批失业之群——城市游民，这当然是人口变动的变态。这种认识不能说没有道理，但不全面。它只强调“病态”或“变态”，即负作用的一面，而对“常态”的一面视而不见。

流民进城，还是有积极影响的，值得注意的有这样几个方面。

第一，流民进城，推动了城市化进程。所谓城市化，是指城市人口规模不断扩大、城市数量日益增加的过程。这是世界各国普遍遵循的道路，中国也不例外。前面谈到流民从农村流向城市时提及，中国城市的近代化和人口的城市化是同步的、互为因果的。人口的城市化对城市化提出要求，对如城市规模的扩大、市政建设的加快等，都是强有力的刺激。另一方面，城市化进程的加快，如清末江苏 10 万人以上的城市有 7 个，1919 年增加到 10 个，这又吸引着农村人口不断向城市聚集，对加快城市化进程，无疑是有推动作用的。清末民初，江苏县城人口达 9.7%，江南则达 10.8%，1919 年县城人口增至 19% 以上，达到全国最高水平，这种局面的出现，正是城市化进程加快的结果。

城市近代化的核心是近代工商业的发展。流民进城从事工商活动，有利于工商业的发展，城市面貌的改观。上海、广州、武汉等大城市自不用说，就连一些小城镇也因此呈现繁荣景象。如上海附近的曹家渡，近代初期还是行人稀少的荒僻之地，光绪年间开办缫丝厂、面粉厂等，流民汇集，烟火万家，面貌一新。南汇县的万祥镇，因流民汇聚而日渐繁盛。这种情形，在全国是很普遍的。

列宁在谈到俄国资本主义的发展时指出：“居民的离开农业，在俄国表现在城市的发展（这一点部分地被国内移民所掩盖了）、城市近郊、工厂村镇与工商业村镇的发展，并且也表现在外出做非农业零工的现象上。所有这些在改革后期中向纵深和宽广两方面迅速发展并且现在还在发展的过程，是资本主义发展的必要组成部分，同旧的生活形式比起来，具有很大的进步意义。”这一论断，同样适用于近代中国。如上所说，流民进城，直接推动了中国城市化进程，其进步意义是不容忽视的。

第二，流民是中国工人阶级的一个主要来源。那些无地少地，或破了产的农民，背井离乡，流入城市，成为产业预备军。他们随时可能为工商部门所吸收。廉价的劳动力市场是资本主义工商业发展的必要条件，流民大量涌入城市，正好满足了这一需要。城市阶级结构发生变化，工人阶级成为一支举足轻重的力量。随着近代工业的出现和发展，中国产业工人由小到大，到五四运动前夕，形成260多万人的阶级队伍。虽然人数不多，却是中国新的生产力的代表者，是近代中国最进步的阶级。这支重要力量，在五四运动时以独立的姿态跃上中国的历史舞台，并逐步确立了它在中国革命中的领导地位。

第三，城市是流民汇聚之所。由于流民来源地不同，他们聚集到一起，带来人与人交往范围的扩大，加上城市文明的影响，他们的思想、行为等越来越远离传统的约束。这是进步的。正如列宁所说，“与居民离开农业而转向城市一样，外出做非农业的零工是进步的现象。它把居民从偏僻的、落后的、被历史遗忘的穷乡僻壤拉出来，卷入现代社会的旋涡中。它提高居民的文化程度及觉悟，使他们养成文明的习惯和需要”。另一方面，“回流”人口如冬来春回的季节性流民，成为城市文明向农村传播的中介。他们眼界开阔，见多识广。他们把在城市中所看到的一切，诸如高楼大厦、宽广马路、交通规则、公园动物园、戏院影院、博物馆、工人罢工……带回农村。流民是文化、信息的载体，正是他们把城市文明输入农村，给封闭的乡村带来新鲜空气。

另外，中国是宗法制度的社会，所谓四世同堂、五世同堂，历来被视为宗族的光荣，虽然中国进入近代，但封建宗法关系仍然根深蒂固，所以农村中普遍聚族而居。农民离村，增加了宗族的游离性。城市血缘关系淡化，流民进城自然使宗法制度受到一定程度的冲击，这有利于社会的进步。

总之，流民进城，无论进工厂，或是从事城市建筑，或是做流动小贩，还是从事家庭服务（保姆），无疑给城市经济和社会生活注入活力，对推动城市经济社会的发展，发挥着不可小视的作用。

尽管流民进城有着多方面的积极影响，但其负作用显得更为突出。

我们知道，流民主要是农村凋敝的产物。农村经济的衰退，驱使农民大量逃脱农村，而城市工业部门又难以吸收。如前所说，第一次世界大战期间，中国民族工业进入“黄金时代”，产业工人也才有 260 万人，简直是微不足道。“黄金时代”以后，民族工业一蹶不振，停产的停产，倒闭的倒闭，不仅不能容纳源源不绝的流民大军，连产业工人也随时有失业的可能。民族工业抬不起头，得不到充分发展，引起连锁反应，商业疲软，城市化进退维谷。这样，流民现象逐渐发生“病变”，并成为多种社会病的总源头。

流民集中城市，首先给城市造成很大的压力，“城市病”由此而起。流民盲目地大量地涌进城市，在市区以及市郊搭建临时性的栖身之所，形成一个个棚户区（贫民窟），与繁荣的街道和富人的住宅区相互“辉映”，构成一幅极不协调的城市景观。无论传统城市，还是近代城市，都有这样的棚户区，而且城市规模越大，近代工商业越发达，这类棚户区就越多。上海的棚户区最为典型。

上海棚户区最初出现在黄浦江畔。鸦片战争后，随着贸易的开展，黄浦江边兴建了许多码头、货栈，较早的有公和祥、金利源、太古等码头。许多码头搬运工人来自江北一带农村。初来之时，无所依归，一贫如洗，无钱租房。为了不致露宿街头，他们就在当时浦东沿码头附近的荒地上和浦西江边，搭盖了低矮的席草棚屋，其中比较集中的有十八间、烂泥渡和老白渡等地。随着农村经济的衰退，盲目流入上海求生的农民日增，棚户区终于遍布全市。到上海解放时，据有关单位的调查，全市200户以上的棚户区就有322处之多，另外还有大量散布于各处的零星棚户。估计上海棚户总数约占20万户左右，居民近百万人。

棚户区环境恶劣，极端的贫困、无穷的痛苦和灾难、大量的芦席草棚和破旧小船，伴随着垃圾和污水、蚊蝇和蛆虫，许多居民饥寒交迫，贫病死亡，这便是旧上海聚居着百万人口的棚户区的基本面貌。此外，火灾每每造成巨大的威胁。居民照明的油灯，烧饭的简陋炉灶，偶一不慎，就会布下火种。而席草本易着火，加上房屋密集，道路狭窄，水源又十分缺乏，所以一经起火，莫不迅速延烧，大片的棚户区顿成焦土。上海棚户区大多有着火灾的纪录，令居民谈“火”色变。不仅如此，他们还经常受到流氓恶棍的欺凌压榨。市政当局动不动以棚户区“妨碍公共卫生”、“妨碍公众安全”、“窝藏盗贼歹徒”、“妨碍观瞻”等理由加以“取缔”、强行拆除，因此而起的冲突事件，常有所闻。

棚户区的扩散，是城市化低度发展和农村人口（特别是流民）过快集中造成的一种社会病态，是多种“城市病”的一种表现。此外，流民盲目涌入城市，必然造成交通拥挤、供求失衡、物价腾涨、治安混乱等一系列社会问题，这种情况普遍存在于各大中城市。

其次，流民大量涌进城市，虽然一方面造就出为资本主义发展所需的预备军，但另一方面，对劳动力市场产生强大的冲击波，劳动力的供给始终超过需求，由此引发了一系列无法解决的问题。

中国产业工人劳动条件之恶劣，生活境遇之悲惨，在世界各国的工人中是罕见的。就拿工资水平来说，与同期资本主义国家的工资水平相比，相差甚远。1910年3月，农工商部编印的《商务官报》第5期中，有一份调查一般纺织工人日工资水平的统计材料：美国男工为：1.50～3.00元，女工为1.00～2.50元；法国、瑞士男工为0.75～1.50元，女工0.50～0.90元；意大利男工为：0.50～0.80元，女工0.30～0.60元；日本男工为：0.15～0.20元，女工0.10～0.12元；中国男工为：0.10～0.12元，女工0.06～0.09元。这个材料说明，同样是纺织工人，外国纺织工人的工资竟比中国工人工资高出5到20倍。中国工人的名义工资比外国低得多，而实际工资，由于克扣繁多、层层盘剥、物价上涨、货币贬值等因素，更是有减无增，工人因此常处于地狱般的生活状态。

工人生活状况如此悲惨，一个很重要的原因，就是流民对劳动力市场的冲击。劳动力供过于求，对资本家来说，会把购买条件压到尽可能低的程度，以期以极小的代价获取极大的利润。不管条件多么苛刻，工人也不得不接受。260余万产业工人，经常有20倍或更多倍的产业预备军或候补者在威胁他们，等待资本家雇用。随着农村破产局面的日益严重化，这个不断增加的压力，会怎样在产业工人雇佣条件上发生不利的影响，是非常明显的。劳动力市场上待业流民的严重堆积，使唯利是图的资本家认为，没必要提高工人的工资水平，甚至可以将其压低到不能再低的程度，没必要改善工人的生活状况和劳动条件，如果工人不干，他可以毫不留情予以解雇，而绝不担心没有廉价劳动力供他驱使。因此，在流民对劳动力市场的冲击下，工人生活状况不断恶化是不可避免的。

而且，大量产业后备军的经常存在，使资本家感到采用新机器并非迫切需要。这是因为，机器的采用也是有其界限的，马克思深刻地指出："使用机器的界限就在于：生产机器所费的劳动要少于使用机器所代替的劳动。"也就是说，"只有在机器的价值和它所代替的劳动力的价值之间存在差额的情况下才会使用机器”。中国庞大的流民大军涌向劳动力市场，沉淀、堆积，大大超出资本主义生产规模的要求，“中国工人工资低廉，有的手工制造比使用机器还便宜”。这就大大打消资本家改善生产经营条件，提高近代工业技术有机构成的积极性。上海码头就是这样的例子。对于帝国主义来说，廉价的中国码头工人比机器要合算得多。因此上海从1843年开埠到1949年这106年中，只有英商公和祥码头上曾经出现过一架桥式吊车，但这只不过是英国资本家招揽生意的玩意儿，每年只用几次，旋即弃置不用了。在一些较大的外洋船舶中装卸货物时，还使用一些包工行置备的络绳、链条和“火龙关”（一种简单的蒸汽起重设备）等工具，而在较小的货船中工作时，除了一些绳索、扛棒以外，就完全靠工人的肩背和四肢。至于从岸边到仓库的搬运工具，便只有工人自备的扛棒、绳子和一块搭肩布。外商码头如此，中国码头也无二致。这从一个侧面说明，大量廉价劳动力的存在，又往往成为工业化的障碍因素。

其三，由于近代工商业得不到充分发展，城市近代化步履维艰，无法吸收庞大的流民大军，流民不得不通过各种途径选择自己的职业，其结果，造成人口职业结构的畸形。前面谈到流民的“职业”流向，谈到大王府巷棚户区棚户居民的“职业”构成，已清晰可见职业结构的畸形性。上海棚户区的情况大致相类。根据大统路425弄（蕃瓜弄棚户区的一部分）202户的调查资料，16～45岁的劳动力共404人，其中有142

人失业，占总人数的35.15%；186人拉人力车、三轮车或做流动小贩糊口，约占46%；只有76人在工厂工作，占18.81%。并且，在这202户中，有91户全家无人在业，占总户数的45%，他们只能以拾荒、乞讨度日。总之，服务性行业占相当大的比重。

在畸形的职业结构中，所谓“下等职业”（相对教员、律师、编辑、医生等上等职业而言）最令人注目。在各大中城市中，这种职业至为发达，举例来说，有娼妓业，有跳舞业，有按摩业，有理发业，有擦背业，有打脚业，有茶楼酒肆的招待业，有游戏场中的歌唱业，有看相业，有算命业，有测字业，等等，当时熟悉都市生活的人，可以举出几百种来。

此外，流民大量流入城市，还造成男女性别构成失衡、犯罪率增加、盗贼充斥、帮会肆行、流氓遍布等等。

总之，流民进城对城市社会的影响是复杂的，有是，有非，有正效应，也有负作用。但由于近代工业发展不充分以及城市化水平低，根本无法吸纳滚滚而来的流民大军，因此流民进城的负面影响显得更为突出，也正因为如此，流民问题成为困扰近代中国的严重的社会问题，成为多种社会病的源头。

2 “逃脱农村”的弊与利

大批农民“逃脱农村”，不仅给城市造成巨大的压力，而且对农村经济社会也产生了深远的影响。

在流民的年龄构成中，青壮年——农村主要劳动力，占有相当高的比例。李景汉先生曾对1388位“离村”农民作过调查，发现20岁至49岁“离村”的农民，占71.8%。据张折桂先生调查，在2188位“离村”的农民中，20～39岁这一年龄段的占66.16%。另有统计资料表明，广东、广西、河北等省离村人口中，男性占85%以上，而年龄在20～40岁之间者，占3/4以上。这表明，在流民大潮中，精壮劳动力是主流。精壮劳动力的流失，削弱农村生产力，对农业生产产生不良影响。流民本来是农村经济衰退的产物，流民“逃脱农村”加速农村经济的衰退，造成一种恶性循环。在我们所见到的资料中，因精壮劳动力流失造成农工缺乏、直接影响农业生产的记载普遍存在于全国。如：

——广东，壮年劳动者常脱离农村，导致劳动力日益减少。

——福建，1912～1921这10年中，耕地面积已经缩小，各种作物产量也减少了。出现这种情况的原因之一，就是大量身体强壮的劳动者已经放弃田间工作，流亡到东南亚等地。

——湖北，不仅壮年劳动力，就是一般劳动力都离村了，因此导致了劳动力的缺乏。如武昌县洪山，20年来劳动力约减少30%。平时还可以应付，但到了农忙季节，颇感劳力缺乏。

——河北，乡间农作尤有缺少农工之叹。1924年6月，田间忽得透雨，地皆湿润，农民以为播种谷稼时机已到，忙着雇觅农工。不料农工竟不敷需要，以致大好良田，因缺乏农工不能耕种者，为数甚广。

——河南，因兵灾匪患，水旱虫荒，天灾人祸，继续不已，青年壮丁散至四方，奔走生活，以致农工极感缺乏。

——江苏，苏北天灾人祸兵匪交乘，农村经济日趋破产。农工多视田作苦且不安，又常终岁勤苦，不免冻馁，故多另谋出路，以致农工颇缺乏。

这样的例子举不胜举。另一方面，在某些地方，有时又发现农工过剩的情况，这同样是农村经济日益衰退的反映，如在苏北泗阳县，常感农工太多。其原因在于大水为灾，农村经济濒于破产。一般平民为维持生活，不是卖地，即是借债，以致多数自耕农及佃户变而为农工以谋生活，因此有农工过多之感。农工缺乏，或农工过剩，与农村经济衰退、流民众多互为因果，使农村社会陷于无以自拔的困境。

大批农民，特别是精壮劳动力逃离农村，给土地的开发利用带来严重后果，农田弃耕，荒田增加，成了农民离村的必然结果。1936 年 9 月 5 日天津《益世报》报道甘肃临泽县的情形，就是一个例子。报道说，临泽县城，还不如内地的一个市镇，但是这个弹丸之地的县城的农民，每年要负担 6 万元的烟亩罚款，这里的官吏和土豪劣绅，差不多操有生杀大权。况且各方的军队在这里都是长年累月的住着，一次又一次的无限量的提取“摊款”，农民一年忍饥耐劳的一些收获，统统取去不算，还时时要挨打挨骂！可怜大批的农民处在这水深火热的厄运中，只好离开他们破陋的房屋和祖宗坟墓往别处跑，好好的田地也一天一天地荒废了。据统计，第四区在 1930 年共交粮 1445 石，到 1934 年只交到 881 石，减少了 564 石，按平均每耕地 10 亩承粮 1 石计，5 年之内，已有 5640 亩耕田成荒地。换句话说，5 年之内，抛荒的耕地已占原来耕地面积的 1/3 以上。这个比例可以普遍说明甘肃河西 16 县耕地荒废的情形。甘肃的情形，不过是问题的一个侧面。实际上，全国各省都存在类似情况。据日本东亚同文会出版的《中国年鉴》统计，1914 年全国荒地面积达 35824 万亩，1918 年时已增加到 84894 万亩。又据农商部统计，1922 年全国荒地面积为 89620 万亩，占全国耕地和园圃总面积的半数以上。也由此可见，全国荒地面积处在不断的增长之中。

谁都知道，耕地是农业生产的一大要素，它的变动，直接影响到农业生产。大量农民逃脱农村，耕地荒废，导致农业生产每况愈下，造成影响深远的社会问题。

流民的流进流出，造就一大批政府无法控制的流动人口，也使政府的田赋征收额大打折扣。各省的田赋，征收十足的已是绝无仅有，普通多在六七成左右，如 1934 年广东省所征钱粮不过七成左右，湖北情形较往年为佳，但也不过六成左右。再以河北静海县为例，可以清楚地看到田赋征收额逐年递减趋势。1927 年该县田赋实征数占应征数的 87.15%，1928 年为 77.47%，1929 年为 76.45%，1930 年为 73.90%，

1931年为70.20%，1932年降至69.69%，大有江河日下之势。田赋征收逐渐减少，当然与农民无力缴纳、抗缴、逃粮、地权转移、死亡逃户等因素有关，但“有地无粮”现象日趋严重，也不可小视。这种现象从晚清到民国始终存在着。

关于“有地无粮”现象，一般指下列几种情形而言。第一，农村社会动乱不安，不是兵灾就是匪祸，农民在乡不能安心耕作，逃难于城市，而坐使土地荒芜，田赋无法征收。就连一般大地主也因地方不靖而逃居都市，以致田赋无法追究而其佃户又不肯代为完粮。第二，苛捐杂税繁重，一般农民每日劳苦所得，通常不敷支出。种田不但无利可获，甚至反多一种支出。在这种情形之下，一般农民多愿出卖其田地，而就食于都市。但因田地出卖者过多，地价甚低，尽管如此，仍常苦买主无人，于是弃田不顾者有之，借给或托付亲友代耕者有之。弃田他往者，田赋固然无从征收，就是借托其亲友代耕者征收也甚困难，因土地原来的主人既已出走，无法追究，而代耕者又不是田主，当然不肯代为完粮。第三，土地产权转移，而买主又不是本地居民，无法催收田粮。这几种情形，是形成“有地无粮”现象的主要原因。由此可以明白看到，“有地无粮”现象的出现，主要是农民“逃脱”农村造成的。

大量农民“逃脱”农村，如上所说，造成许多严重后果：精壮劳动力流失削弱农村生产力，田地荒芜，田赋征收困难，社会动荡不安等等。但农民“逃脱农村”，对农村来说，并不是没有丝毫有利影响，如暂时离村的单身农民，在外有所储蓄，可以增加农家收入，改善农业经营条件和农民的经济生活，这种情况并非绝无仅有。举例来说，在广西，离城市较近的农村中，有许多男子跑到城市去做苦力，农忙时有些转回农村耕田，有些则全年做苦力。做苦力挣的钱带回农村，改善他们的家庭生活。这种情形，在苍梧、南宁、柳州、桂林等城市近郊农村是普遍存在的。再拿山东来说，东北是鲁人的第二故乡，九一八事变前，山东农民每年由东北银行、汇兑庄、邮政局等汇兑机关汇至山东农村之款，可达5000万元以上。农民由东北回鲁自行带回的钱款还不在内。所以东北汇款，在山东农村收入中所占比例最大。据调查，大县每年收到的汇款额都有一二百万，小县也有二三十万。九一八事变前，山东纵有水旱之灾，农民尚可赖东北汇款，以资挹注。但应该注意的是，这里有个先决条件，即农民离村后能够找到相当职业。而事实上，如当时人所论，“今日之中国，逃荒失业各地皆然，殊未足以言农民离村之利也”。农民“逃脱农村”的积极影响，总的看来，是极其有限的。

3 相煎何太急——“湖田案”纪实

流民流入城市，可以对城市社会产生复杂的影响，流民“逃脱农村”也给流出地农村造成严重后果。流民流入农村，同样对流入地农村社会产生影响，如有利于促进文化的交流和融合，有利于当地经济的恢复和发展等，这在前面的叙述中有所提及。但在贫穷落后的近代中国，求生维艰，生存竞争异常剧烈，当地土著与外来的流民（他们被土著居民即当地人称为“客民”，“客民”也就是外来人的意思）往往因互争土地等经济利益而发生冲突，甚至是大规模的武力对抗，这种土著与外来流民之间的冲突，史书上称之为“土客冲突”。

土客冲突具有相当的普遍性，如广东、福建、浙江、安徽等地，土客冲突事件时有所闻。同治年间广东西南部的土客大械斗，死伤达数十万人之多。凡是土客错居的地方，几乎都有这类冲突事件发生。就拿武进县来说，根据解放初期华东军政委员会土地改革委员会的调查，说该县还有一部分外籍迁来的农民，其中大部分来自苏北，也有部分来自皖北。他们大半靠出卖劳力维持生活，生活很苦，出卖劳力的代价也特别低。因当地封建统治者的利用和挑拨，本地农民歧视他们，以致造成本地和外地农民间的隔阂、冲突。可见这种冲突甚至到解放初期还未能化解。即使在淮北这个流民大量流出的地区，也有土客冲突存在，震惊全国的“湖田”一案就发生在苏鲁边界地区。

湖田案，也称“湖团案”，是苏北铜山、沛县土著与山东曹州流民因湖田纠纷而起的轰动一时的冲突事件。

湖田濒临微山湖、昭阳湖的西岸，南到铜山，北跨鱼台，绵延二百余里，宽三四十里或二三十里不等，多为铜山、沛县所辖。1851 年，对铜、沛农民来说是一场劫难，就在这一年，黄河在丰工下游决口，铜、沛等县正当其冲，于是两湖漫溢，微山、昭阳之湖地，铜山、沛县、鱼台之民田，都为大水吞没，一片汪洋。铜、沛农民不得不踏上黄泥路，流离迁徙，渡江南下，以为从此故乡永成泽国了。

四年后，也就是 1855 年，黄河再度决口。这是黄河变迁史上的一件大事，从此，黄河不再侵夺淮河河道作为自己的出海口，而是改道北移。黄河改道北移，对铜、沛农民来说是一件值得庆幸的事，黄河可以不再构成对他们的直接威胁。但对曹州府属的农民来说，却是一场灾难。黄河在兰仪决口，曹州府首当其冲，田庐漂没，居民奔散，其中郓城、嘉祥、巨野等县的难民，蜂拥而至徐州府。这时，四年前曾遭受同样灾难的徐州府属铜山、沛县的汪洋，已经半涸为淤地，于是他们便纷纷寄居于此，垦荒为田，结棚为居，打造器械用以自卫，并组织了团练武装。当时的徐州道员王梦龄认为他们形迹可疑，下了逐客令。但曹州流民越聚越多，加上沛县禀告，说他们的确是被灾穷民，拟查明所占沛县民田，勒令退还，至于湖边无主荒地，暂让他们耕种纳租。河道总督庚长也认为，既为流民，地又无主，且担心流民无所依归，生出事端，遂允许他们缴价垦种。

1857 年，庚长派人丈量南起铜山荣家沟、北至鱼台、东至湖边、西达丰县的湖荒地两千余顷，分上中下三则，设立湖田居，经办招垦缴价事宜。在所颁布的《领垦湖田缴价章程》中规定：上则地价每顷三十千，年租每亩钱八十；中则地价每顷二十七千，年租每亩钱七十；下则地价每顷二十四千，年租每亩钱六十。又在土客交错的地带筑了一个长堤，名曰“大边”，用以划清山东客民与土著的界限。其时，地方动荡，特别是在太平军北伐的影响下，北方人民纷纷响应，捻军遍地开花。为了剿灭太平军和捻军，清廷号召各地组织团练乡勇，进行自卫。垦种湖田的客民，也因此得以创办团练，即所谓“湖团”。当时在铜、沛的客民团练共有 8 个，即唐团、北王团、北赵团、南王团、南赵团，于团、睢团、侯团（后改称刁团），均以创办人的姓为团名。

湖淤之地既肥沃，又屡值岁丰，渐以富饶。山东客民原以为可以安居乐业了。但不幸的事情终于发生了。原先逃难在外的铜沛流民，纷纷还乡，当看到昔日汪洋变为良田，且为山东客民之产，心怀不平，骤起争讼。土著说客民霸占有主之田，客民则说所垦全是湖荒之地，相争几年，屡酿巨案，竟弄到无法收拾的局面。

土客初起争讼之时，也许并不难解决。按照清政府的惯例，所有无主荒地，不论是原来的生荒，或者过去曾经开垦，后因灾荒、内战或其他原因而废弃的土地，都被认为是公产，归国家所有。但是这种土地可以通过占有及开垦的简单方式，变为私人财产。新移来的人可以向县衙门申请荒地（除非原来的土地所有者宣称打算回来并从事开垦），申请人经过相当时期后，可得到一张有效的地权凭证。新涨出的冲积地土地也属于官产。受到损失的业主可要求从新涨地中补偿他所流失的土地；否则由官吏处置。如果那里的土地很值钱，官吏还可以根据户部章程，把这种新涨土地卖给出价最高的人。靠近河岸的土地所有者，当然无权把在他自己土地近旁新涨土地据为己有，并至少要等新涨地丈量之后，才能把它填写在自己的地契之内，并负担新增地的田赋。同样，被冲走土地的业主，也可以申请查勘，相应地减少他的田赋。

从上述清政府的一贯做法，根据历史记载，可以得出几点结论：第一，山东客民所开垦的基本上是新涨出的湖淤地，这是合法的；第二，客民垦荒，得到政府的允诺，而且按照《领垦湖田缴价章程》的规定缴价领垦，得据为永业；第三，客民的确霸占有一定数量的有主之田，这就为争端留下祸根。如果将这部分客民资遣回籍，收回有主之田，事情要容易解决得多。但恰恰在这点上，官府未能尽到责任。前此议定查明所占沛地，勒令退还，不过是一句空话，并没有执行。于是，沛县土著有田产被霸占者，怀恨在心是自然的，就是没被霸占田产的人也愤愤不平。而团民恃其人多，置之不理，甚至欺侮土著，生事械斗，以致势不两立。1859 年，侯团抢劫铜山郑家集，被徐州府驱逐出境，另行招垦，成立刁团。1862 年，又有山东客民在唐团边外，占种沛县田地，设立新团，屡与沛民械斗。土客冲突日趋扩大化、复杂化。到了这个时候，官府仍未有得力可行的举措，终于导致 1864 年的流血事件。这年七月，新团攻破刘庄寨，连毙数十命，民情汹汹。漕运总督吴棠派兵剿办，平毁新团，但事情并未因此而得到解决。

土客之间，已成不可解之仇。沛县贡生张其浦、张士举、文生王献华等与刘庄寨事主刘际昌先后赶赴京城，在都察院呈控，说新团一案，由唐团唐守忠指使，情同叛逆，请将各旧团一概剿办。京城哗然。朝廷颁下谕旨，要吴棠密速查办。吴棠上奏朝廷，说唐守忠组织团练最早，名声最著，核查所控“罪状”，毫无实据，而且与原来所上状纸不符，其意不过欲将新旧各团一概驱逐而夺其成熟之田而已。沛民不服，控告不止。田产纠纷，逐渐演化为政治性事件。清廷焦虑不安，只得让曾国藩亲自出马了。

曾国藩是镇压太平军的刽子手。1864 年，他指挥他的湘军残酷镇压了太平天国革命。1865 年 5 月，捻军在山东曹州一举聚歼僧格林沁统率的蒙古马队，阵斩科尔沁亲王僧格林沁。朝廷大惊，急令曾国藩为钦差大臣，指挥攻捻战争，并处理湖田争讼一案。

曾国藩到达徐州后，铜沛绅民即前往控告各团，状词数十纸。曾国藩以案情重大，未敢剖断。实际上，曾国藩对谁是谁非，还摸不着头脑，并无定见。在他给朝廷所上的两份奏折中，一方面对铜沛绅民恋讼不止，颇不以为然，另一方面，则有将数万山东客民资遣回籍之意。这说明曾国藩并未寻到解决湖田一案的适当办法。如果全数资遣，可能会激成事端，于攻捻大局不利，实际上已牵制曾国藩不能全力对付捻军，何堪再把事态扩大。如果对铜沛绅民的控告置若罔闻，又可能使土客冲突继续升级，同样有关剿捻大局。这使曾国藩举棋不定，左右为难。

但曾国藩毕竟是老于世故、颇富政治经验的封疆大吏，他从“通捻”这一点上受到了启发，终于寻到解决问题的突破口。他在给朝廷的奏折中说，1865 年 10 月，捻军蜂拥而至，远近哄传，南王团有人函约“贼”（捻军）来，百口一词，虽反复研究，未得主名，而平时该团窝匪抢劫，积案累累，情实可信。又刁团平日窝匪，与南王团相等。此次捻军退后，除王、刁两团外，其余六团或凭借圩寨（带有防御性质的村落即圩寨，一般筑有围墙，挖有壕沟，以吊桥通内外）对抗捻军，或圩破被害如唐团唐守忠父子未通“贼”亦属确有可据。湖团有没有“通贼”，曾国藩并没有十分把握，即所列举的事实，也是不充分的。但他把焦点集中于“通贼”嫌疑最大的王、刁两团而不及其余，也许这正是他的高明之处。

那么，湖团有没有“通贼”呢？据有关资料记载，湖团确有“通贼”情事，而且可能不止于王、刁两团。铜、沛是捻军出入熟路，就是土著也不能说与捻军毫无瓜葛。但曾国藩为不致事态扩大，权衡利弊，决定采取“折衷”办法来解决湖田一案，做到既能服铜沛之人心，又能不尽逐湖田客民。于是，搬出了“分别良莠”之策：不分土著、客民，但分谁良谁莠。有地权凭据而田被霸占、急切要求清还者，是土著中的良民；没有地权凭据只是敛钱健讼、激成众怒以兴祸端者，是土著中的莠民。其平日自安耕种，如唐团拒捻殉节、受害极惨者，是客民中的良民；其平日凌辱土著，如王团之“勾贼”、刁团之“容贼”，是客民中的莠民。良莠既分，曾国藩立即发布命令，勒限将王、刁两团于1866年3月1日前逐回山东本籍，并派湘军大将刘松山带兵前往弹压。在曾国藩看来，湖团之事，若全不示之以威，断不足服铜、沛之民心，故将王、刁两团驱逐。这可见曾国藩用心良苦。

王、刁两团被逐后，如何处理善后事宜，也是繁难之事，一旦处置失当，同样会留下后患，这一点，曾国藩是颇为谨慎的。经再三考虑，酌定善后事宜三条：酌给钱文以安抚被逐团民，同时于郓城县役局，将两团原缴地价照数发还，两团已种之麦，派徐州镇兵屯守，待收割后，一半给屯田之兵，一半给两团之民，使客民回籍者不至流离失所；设立官长管理其余六团；将两团之田抵霸占土著田数，有田亩凭据者，照数拨还。在这个“善后事宜三条”中，曾国藩既要为“骂贼”而死的客民（唐守忠等）树碑立传，又对激众怒恋讼不止的土著文生（王献华等）革去功名；既认定王、刁两团“通贼”，却要拿一个在逃者（王长振）尽法处治，驱逐王、刁两团，不外乎收还田亩以平土著民愤。应该说，曾国藩尽量做到了“不偏不倚”。他在左右为难中寻到这种“折衷”的办法，在当时还算是上策。也正因为如此，他的办法得到清政府的首肯和支持。“上谕”中说：湖团争利寻仇，积恨已久。此次曾国藩秉公查办，将王、刁两团全数逐回山东，并酌定善后事宜三条，以期各安生业，永息争端，所办甚属妥速，已明降谕旨，均照所请办理。几及十年的湖团纠纷案，终算是画上了句号。

综上所述，这起震动全国、长达近十年之久的土客冲突事件，是由湖团纠纷而引起的。这起冲突，在初起之时应该是比较容易解决的，但由于地方官吏没有给予应有的重视，措置失当，导致土客冲突的不断升级，最后演化成具有相当政治色彩的轰动事件。曾国藩出任攻捻统帅后，博采舆论，逐渐从左右为难、举棋不定的困境中解脱出来，在“通捻”这一点上大做文章，终于找到解决问题的突破口，平息了这起土客相煎的冲突事件。但另一方面，湖田一案也从某种程度上束住了曾国藩的手脚，使其难以全力指挥攻捻战争，曾国藩剿捻失败，于此不无关系。透过土客冲突，我们看到了在贫穷落后的近代中国，生存竞争的剧烈性、追寻生活的艰难情形以及对近代中国社会的影响。

4 流民与“盗匪世界”

一种历史现象，如果是由其他的、归根到底是由经济的原因所造成的，它一定会影响周围的环境，甚至能够对产生它的原因发生反作用。前面说过，流民不仅是农村经济衰退的产物，也是社会振荡的产物。而流民大量抛向社会，不仅加剧了农村经济的衰退，同时更加剧了社会的动荡不安。当时人都注意到，中国社会混乱的原因与农民失业极有关系。失业者愈多，社会混乱愈烈。事实正是如此。近代中国社会所以长期动荡不安，与流民众多大有关系。从某种程度上说，流民是近代中国社会动荡不安的基本原因，他们很大部分是人类生活中最不安定者。在这里，我们对“盗匪世界”进行透视，能够更好地厘清流民与社会动乱的关系。

盗匪是些为非作歹、危害人民的人。凡遭匪害的人，无不谈匪色变，对之恨之入骨。然而，近代中国恰恰是一个“盗匪世界”。东北，在日俄战争后几成为“胡匪”的天下；河南西部山箐（音 qìng ）林密，群盗出没，是所谓的“盗薮（音 sǒu ）”，光绪时，洛阳张黑子、汝州董万川、南阳王八老虎等，都是著名的匪首；四川的“棒客”、陕甘的“刀匪”，“专以劫掠为事”。其他如湖南盛产土匪，人所共知，浙江、福建、广东沿海海盗充斥，也久著恶名，不一而足。

进入民国时期，政局日非，江河日下，各地匪情，愈演愈烈，1924 年 9 月出版的《台湾时报》因此直呼中华民国为“中华匪国”。有人估计，这一时期全国共有土匪不下 2000 万之众，以至于遍全国没有一省没有盗匪的，一省之中，又无一县没有盗匪的，一县之中，又无一乡镇没有盗匪的。如“盗风之盛，甲于各省”的河南，民国初年不仅涌现出像白朗、老洋人、樊钟秀一类名噪一时的匪首，而且土匪扰害几乎遍及全省。1921 年 1 月 20 日出版的《晨报》报道说，全省 108 县，要想找一个未被匪祸的村子实在太难了。在山东，为土匪者，不计其数，据报载，仅东昌一带就有土匪万余人，匪首数百人，他如峄县史殿臣，匪众2000余人；金乡范玉琳，匪众7000余人；蒙阴于三黑，匪众6000余人；滕县郭安，匪众4000余人；禹城顾德麟，匪众2000余人；濮县匪徒不下4000人。至于刘黑七、孙美瑶、毛思忠之匪，更是臭名昭著，尽人皆知。在湖南，平地高山，遍地皆匪。其中，湘西土匪久著盛名，据有关资料，湘西永顺地区就有土匪96股3万余众，沅陵地区42股2万余众，会同地区49股3万余众，可见匪势之盛。在河北，土匪达500万之众，难怪大股小股土匪几乎可以在河北每一县中见到，甚至连天津、北平附近的村庄，也有被土匪洗劫者。在山西，虽然军阀阎锡山苦心经营，曾被捧为中国的“模范省”，但是省界上的土匪并不见少，即使对1924年山西土匪作比较保守的估计，人数也超过25000人。在四川，这个以前相对平静的省份，1911年后，军阀之间持续不断的战争，几乎使全省变成了战场。兵灾与匪祸总是连在一起。1925年，四川146个县没有一个县没有土匪。1931年估计，土匪总数至少有150万，与河南、山东、福建并驾齐驱，成为匪患最严重的省份之一。在广东，“兵匪遍地”，只雷州地区，土匪的人数竟至3万之众。此外，青海的马步芳匪，甘肃的马仲英匪，内蒙古的巴布札布匪以及东北的马贼、闽浙的海盗、江浙太湖的“湖匪”等，都猖獗已极。总之，东西南北中，盗贼如毛，遍地皆匪。正因为如此，近代中国被说成了一个“土匪王国”、“盗匪世界”。

近代中国所以成为“盗匪世界”，最主要的原因是众多流民找不到正当的谋生途径。

前面说的流民的职业流向，“当兵吃粮”固然是一个方面，铤而走险去操度绿林生活，实际上也是流民的主要职业流向，而且较“当兵”尚有过之。从这点上说，流民正是盗匪的最可靠的来源。这从档案里所存有关各地处决的匪犯职业统计中可得到确切的证明。民国初年，在山东、安徽、河南、河北、东北、贵州6个地区处决的1186名匪犯中，流民就有894人，占总数的70%以上。在某些档案材料中，有些地区某个时期处决的匪犯，其“职业”竟全是流民，如：山东曹州地区1918年5～6月处决匪犯53人；沂州地区1914年5月处决匪犯53人；兖州地区1914年9～11月处决匪犯79人；1915年1～5月处决匪犯100人。他们的职业全是“无业、游荡度日”。一方面说明这些地区的社会生态严重失衡，另一方面则更具体说明毛泽东的“中国的殖民地和半殖民地的地位，造成了中国农村中和城市中的广大的失业人群。在这个人群中，有许多人被迫到没有任何谋生的正当途径，不得不找寻不正当的职业过活，这就是土匪、流氓、乞丐、娼妓和许多迷信职业家的来源”这一著名论断。

落草为寇，是千百万流民不得已而作出的痛苦选择。徐珂在他的《清稗类钞》里记述广东多盗匪时说，广东盗风之炽，甲于通国。究其原因，广东贫富不均，甚于他省，富者极富，贫者极贫。贫人既无生计，饥寒是死，为盗落在官府手中也是死，同样是一死，而饥寒交迫，必死无疑；为盗虽犯法，然而未必为盗者人人都被官府所捕，就是被捕，也不过一死。如不欲为盗则死在目前，且必无幸免之理，而为盗则非但目前不死，且可以侥幸不死。既然是这样，何乐而不为盗。流民流而为匪者，大致都是这种心理。一方面是生活所迫，一方面是生的本能，他们无以谋生，只好到罪恶的世界里去讨生活。这种情况，在灾荒年间，更是显而易见。如 1876 年陕西旱灾，饥民相率抢粮，甚而至于拦路抢劫，高扬大旗，上面写着“王法难犯，饥饿难当”八个大字。再如 1883 年，湖北大水为灾，壮者流为土匪，随处抢劫。民国年间，著名社会学家严景耀先生到河南、山东作灾情调查时，河南某县县长告诉严先生说，在他两年县长任内，对于灾荒的事件穷于应付。当别处的灾民跑到该县抢走粮物，老百姓就来告状，可是这位县长无能为力。因为首先他知道那些被告并不是土匪而是灾民。其次，没有那么多警察和卫兵去抓这些土匪。即使抓了他们，也没有那么多牢房收容他们。当县长说明这些“老百姓”（土匪）是捉不完时，于是老百姓就说他包庇匪类或贪赃纳贿。第二年，真奇怪，也是个悲剧，该县到处灾情严重，全县老百姓都去当了土匪。到处都可以听到强盗、绑票和暴动的新闻。他简直没有办法行使他这个县长的职能，因为这些土匪都是不能抓的，抓也抓不完，而且他们实际上并不是匪而是灾民。在山东作灾情调查时，严景耀先生问一个土匪有关著名匪区曹州的情况，这位土匪告诉他说：“曹州和别的地方没有什么不同。我们这些人当土匪都是因为连年灾荒”。每逢天灾人祸，流民队伍壮大，土匪队伍也随之壮大，土匪队伍的萎缩或膨胀与流民队伍的消长是切合的。不管从哪方面说，流民都是土匪的经常的可靠的来源。他们中有许多人是土匪的直接受害者，对土匪恨之入骨，但他们不得已也“入草为寇”去当土匪为害社会，这是最具有讽刺意味的。

在自然灾害和战乱频繁的地区，虽然有不少小股土匪、零星散匪，但大规模的职业土匪集团最令人瞠目，他们人数众多，少的数千，多的数万、十数万，组织严密，设官分职，配备有钢枪、火炮等近代化武器。这类土匪是军队化的土匪和土匪化的军队，最为地方之害。像孙美瑶、老洋人、刘黑七、孙殿英等，都是这类匪军的魁首。

土匪之中，虽然也有一些劫富济贫、为民伸张正义的绿林好汉，但从整体上说，是寄生社会的非生产者，更是社会生产的破坏者。近代有一位专门调查研究中国盗匪问题的日本人何西亚说，土匪之生活，就是杀人放火之生活，奸淫掳掠之生活，吃惊受吓、朝不保夕之生活，饿死饱死在、忽苦忽乐之生活，东奔西窜、飘忽靡（音 mǐ）常之生活，见弃社会、不齿人类之生活，只图利己、不顾他人之生活，虽生存于现社会而不与社会合作之生活：简言之，与人类共存原则极端背驰之生活。他们无亲疏远近，无老幼男女，无天理、国法、人情，一切不顾，唯枪及钱是要。他们一经为匪，即获得了杀意与掠夺心理，并且将各种损人利己的手段诸如暴力掠夺、绑票勒赎等转施到许多无辜者的身上。他们的存在，给社会造成极大的混乱，也“种下了今日农村破产的根源”。在苏北邳县，有个叫潭墩的地方，原来很富庶，1927 年为土匪攻陷，烧杀之后，仅剩断垣残壁，一片荒凉。农民多居草棚，衣着褴褛，冷清清的如入死境。凡遭匪扰的地方，都呈现这样残败的景象。又如山东臣匪刘黑七，从 1915 年开始当土匪，到 1943 年被八路军击毙，闯荡 29 年，啸聚匪伙达 11 万余人，骚扰山东、河北、河南、江苏、辽宁、山西、吉林等十多个省市，所到之处，烧杀奸淫，无所不为。据不完全统计，1939 ~ 1943 年，刘匪共烧杀抢劫 300 多个村庄，烧毁房屋 3 万余间，杀死无辜群众 4000 余人，奸污妇女不计其数。鲁中南地区的老百姓编了“十恨黑七”的小调，表达了他们对土匪的痛恨。

有匪就要抗匪，就要防匪，因此，“年年防饥，朝朝防匪”成为各地普遍的现象。

近代中国人如何“防匪”，有一位叫吴寿彭的人在苏北作过调查。他记述道：这些土匪集团或零星散匪，实使江北的农民日夜提心吊胆。然而那里的农民本来很苦，并没有许多财富，那么许多盗匪去掠取什么呢？经过沭阳县的时候，有人告诉他说有农民背了枪耕地的，原因是怕有土匪持枪到田里去劫夺他的耕牛或驴的。萧县的农民告诉他，到收获的季节，一面许多壮男到田里割麦，必须留一部分壮丁在围子（圩寨）附近放步哨，不然，收回去的麦子会有土匪来哄抢。这样的情形，不仅在苏北可见，安徽各县也常闻。在骆马湖、洪泽湖等地方，甚至有成群的股匪去田里抢割麦子的。除了粮食牲口以外，再有可抢的就是人本身了。陇海路站长职员等，晚上到附近数里的大寨子中去投宿，以避危险。东海县新浦站站长两个儿子被绑去了，以 3000 元赎回。常是合村的人都被绑去，一批即数十百人。在陇海路阿湖一带，有数十里的小村落茅草房子都烧了，只剩泥墙，这里小部分是土匪烧的，大部分是农民自己烧的。大家聚集到大围子里住宿，以厚集抵抗土匪的力量，他们每天赶着牲口，携带了馍馍，跑出四五里或七八里路去田作，晚上再跑同样远的路归去以求保障。吴寿彭的记述，使我们明了了农民是在怎样的环境中生产和生活的。为了防匪，他们坚壁清野，于是圩寨林立；为了防匪，他们组织自卫，于是民团、联庄会、红枪会等遍地而起，战垒连珠，烽烟四起，更加剧了社会的震荡。

以上所述，已经揭示出流民与社会动乱的关系。在一个流民众多的国度里，如果社会不足以使他们的社会行为纳入合理的规范，那么，流民的越轨犯禁，就会直接造成社会的动荡不安。

六　调节与控制

1　在"振兴实业"的口号下推广"工艺"

流民问题既是近代中国的一大社会问题，其影响可以波及政治、经济、社会乃至思想文化等各个领域，因此流民问题就成为近代中国的一大难题。前面已说明，产生流民的因素是多元复杂的，那么解决流民问题的方法也应该是多元的，而且应该具有针对性，也就是说，要"对症下药"。

流民问题是整个社会的问题，需要动用整个社会的力量加以调节与控制，寻出解决问题的合理方案。由于近代关于解决流民问题的方案多种多样，特别是近代思想家们，更提出了许多设想，在此我们不可能面面俱到，只能择要叙述。先说晚清政府为解决流民问题而采取的一项新举措——推广"工艺"。

自鸦片战争以来，外患频仍，国难深重，特别是甲午战争后，中国更面临被瓜分的危险。在严重的民族危机的强烈震撼下，涌起了一股"振兴实业"的思潮。统治中国的清政府也意识到，国势倾危，再也不能照旧统治下去，非改弦更张不可。清政府看到了五洲列国，其国本的强弱，大抵以实业的兴衰为转移，因而提出“振兴实业”的口号，并采取相应的奖励实业的措施。这对民族工业的发展，起到了积极的推动作用，甲午战争后民族工业的新发展，应该承认与清政府的奖励政策很有关系。

在“振兴实业”的口号下，清政府想到了要使传统的手工艺事业发扬光大，就连慈禧太后也致力于振兴工艺。她要内务府大臣召浙江妇女能纺织工针绣者数人进宫，教宫女们学习各项女工，还准备在宫中开办女工艺局一所，购办机器教宫女织造毛巾等事，慈禧太后不过装装样子，以为“振兴工艺”之倡。在这种情况下，工艺事业有了一定程度的发展，不过没有与解决流民问题直接联系起来。

在洋纱洋布的冲击下，农业和家庭手工业相结合的自给自足的自然经济解体，农民破产失业者日多，流民问题严重，给清政府造成很大的压力。面对现实，如何解决这一严重的社会问题颇令清政府头痛，除了惯用的“驱逐”、“禁止”、“镇压”等手段外，当然也要寻求积极的办法，进行调节与控制。在这个过程中，“振兴工艺”给其以有益的启发。

1904 年，有位叫夏敦复的大臣上奏朝廷说，民为邦本，食为民天。自海禁大开，洋货侵入，夺民生计，以致各省失业者众多。京师为万方辐辏之区，流民尤多，鹄面鸠形之辈，游荡无籍之徒，仍复接踵于道。

查西方各国，除老弱没有劳动能力者由养济院收养外，其余盲聋残废之人，亦有学堂教成一技之长，使他们能够自食其力。相比之下，岂有为中国之子民，身处京师重地，当身体健壮之时反而任其闲游荡废、贫窘待毙吗？所以，非推广工艺，实力举行，不足以解决他们的生计。为今之计，要博采章程，广筹经费，多立厂局，切实举行，专收无业流民，让他们各习一艺，如纺纱、织布、织席、织带、刻字、印书等，凡一切工艺，皆可教习。手工劳动，不用机器，少则一载，多或三年，艺成出来，有一技之长，可以自营生计，所空名额，可再行收教未习者，长此以往，国无游民，民无失业，化游惰为勤能，于国于民都是有益的。接着又有大臣上奏，说各省贫民甚多，以致流为盗贼，如此下去，后果不堪设想，请朝廷推广工艺，以免勾结滋事云云。这些建议，得到清政府的赞赏、支持。因此，我们从文献资料中可以看出，从 1904 年开始，兴起一股推广工艺的高潮（在此以前，亦有零星兴办）。工艺局、工艺场（厂）以及罪犯习艺所等如雨后春笋般崛起，如 1904～1910 年直隶（河北）各县创办工艺局（场）87 个，艺徒人数从数十人到数百人不等。

清政府意识到，流民问题主要是由失业者众多而缺乏谋生门路造成的。创办工艺局的目的无非为这些无所依归的人群提供自食其力的条件。这一点，从各地开办工艺局情形中，可以清晰得见。

1903 年，北京地方政府开始创办工艺局。

1901年，有位叫黄中慧的人向清朝权臣庆亲王奕劻上了《倡议北京善后工艺局说帖》，提出创设工艺局的建议。《说帖》说，自八国联军入京，四民失业，强壮者流为盗贼，抢案迭出，无日不有，如不速筹良策，何堪设想？京师还有各种手艺之人，不下数十万，都是自外地而来的客民，因洋兵入城，资本无出，坐食山空，不免流为匪类。要为众多无业失业之民谋生路，在黄中慧看来，唯有多设工艺局。这个建议为当局所采纳。

北京工艺局以收养流民，开通民智，挽回利权，转移风气为宗旨。

收养的对象规定为：身家清白，穷无所归者为上；本有行业，遭难流离者次之；平日懒惰成性，兼有嗜好（抽鸦片）者次之；甘心下流，几乎无法挽救者为下。这些人，工艺局要一一问明来历籍贯，可靠的人做担保，登记注册，方可收留。工艺局雇各种教习数十人，因材施教。所教内容不拘一格，如书画、织布、针绣、铜铁、瓦木等。学徒三年满师，或不拘常例，一年二年，学业有成，即可出局自谋职业。

直隶开办工艺局，始于1903年。这年在草厂庵开设教养局，收养贫民，教以工艺。不久改为“实习工场”，大加扩充，额定工徒500人，有时增至七八百人，分14科，先后毕业者共计2000余人。直隶各县民办工艺局场，所用技师匠目，大多是该场毕业工徒。东三省、山东、山西、河南、陕西等省官立工艺局，来场调工徒前往传习者，也有很多。此外，还有劝业铁工厂、广仁堂女工场、工艺场、织工厂、艺徒学堂、习艺所等，共80余处。

1900年，山东巡抚袁世凯以山东省人多田少，不敷耕种，连年河水冲没，流民日多，弱者坐守饥困，强者流为剽窃，所以曹州、东昌等地，历年多盗，诛不胜诛，实因年壮游闲，迫而为此等情，在济南创设教养总局，专教贫民无业者，学做粗工，另设工艺一局，教以细工，“以为全省工艺模范”。胡廷干继任巡抚后，极力推广，于曹州、沂州等府，及济州、莒州、峄县、福山、潍县等地，各设工艺分局；于邹县、惠民等处，设教养分局；于益都、寿张、泰安等县，各设习艺所等。从1904年到1911年，山东官办工艺局就达104所。

1901年，江西巡抚李兴锐以无业游民，日见其众，奏设工艺院一所，加以收留，教以工艺。院立三厂：粗工厂、细工厂、学工厂。粗工如蒲鞋、麦扇、草帽、麻绳等，教愚贱之徒。细工如刷书、刻字、织带、缝衣、结网等，素质稍好者使入院学习。至于良家不肖子弟，父兄师友管束不了的，听其送院，入学工厂，教以简单书算及精致工艺，禁其外出，以收其心。学而有成，即行资遣出院，自谋生业。同时，通令各州县就地筹款，各设一院。自1904年后，南昌、新建等15州县，创设工艺院、工艺厂、劝工所、习艺所等。

1902年，四川总督岑春煊在成都设“四川通省劝工局”，其内设有工艺厂、副厂、迁善所和养病院。其中副厂专以收纳无业穷民游民，教之有业，使之不穷不游为宗旨。迁善所收留那些迫于饥寒而犯有小罪的流民，教之一艺，使他们免于饥寒而革面洗心、自新向善。除四川通省劝工局之外，重庆、汉州、绵竹、德阳等地设有工艺局、劝工局、乞丐工厂等“教民养民”之所。

1909年，贵州巡抚庞鸿书以贵州贫瘠，流民极多，奏设警务工厂，设法收留，教之一艺，将来艺成出厂，可自营生。以此解决流民问题。

两广、东三省、河南、湖北、云南、新疆、甘肃、江苏、安徽、陕西、浙江、福建、山西等省都建立了类似的工艺局（场）。

上述各地开办的工艺局，基本上是官为主持，由官经营，是“官办”实体。此外，还有富商豪绅投资经营的“民办”工艺局。不过，这类工艺局为数很少。

无论官办、民办工艺局（场），都以安置流民为宗旨。这些工艺局，生徒人数多则数百，少亦数人，应该说确实安置了一部分流民，解决了他们的生计问题，同时，也创造了一定的社会价值。直隶工艺局“开办以来，颇见成效”。山东省城工艺局开办数年，粗具规模，所出货品如丝绣绒毯等类，“遐迩传播”，成为“东省特色”。江苏苏州工艺局，专收16岁以上无业贫民，教以工艺，如织毯、制鞋、木工等事，“出品渐优，成绩大著”。从这几个例子来看，工艺局在安置流民的同时所创造的社会价值也是值得注意的。

工艺局在创办之初，清政府采取了相应的保护措施，如北京首善工艺厂，据庆亲王奕劻上奏朝廷说，首善工厂原为广筹生计起见，所有制造各种物品，需用材料，如果仍过关纳税，势必本重价高，销路不畅。查农工商部所设工艺局，经朝廷允准，原材料所经关卡及崇文门税局，概免征税。现在所设工艺局厂，应该事同一律，免收税金。朝廷接受了他的建议。正因为如此，我们可以看到工场手工业在遭到毁灭性打击后有了一点复兴的势头。

然而按照清政府的要求，这些工艺局“意在养民，不同谋利”，“使工有所劝，民有所归”，基本上无利可图，这从某种程度上限制了工艺局的推广，民办工艺局寥寥无几，大致因此。同时，这些工艺局，一般规模很小，三五人挂牌的工艺局是常见的。如前面说到直隶80余所工艺局，不足10人的就占了23所。工艺局规模过小，手工操作，至少会产生这样几种结果。其一，成本高，产品无法和机器产品竞争，如广东东莞（音 guǎn ）县，为解决妇女失业问题，特设工艺厂，并欲借此收回利权。然而，成本既高，不能贱卖，最终一蹶不振。这种情况是比较普遍的。其二，经费不多，甚至无力聘请艺师，难收实效。如山东，各府州县均设有习艺所，然而经营数年不仅未见多少实际效果，而且大都赔本，白白浪费公款。这主要因为规模小，经费缺，无力聘请精通工艺的艺师，只有雇用下等工人，教以纺织拙法，聊以支撑局面，如为振兴工艺，实在没有多少效果可言。其三，吸收流民的能力有限。工艺局规模既然很小，所吸纳的流民就不可能很多，只能说是极少数，相对于庞大的流民群来说，只能是杯水车薪，不可能达到人人自食其力而国无流民的宏大目标。如当时广西巡抚张鸣岐上奏朝廷所说，广西省城设立艺徒学堂、简易工艺教员讲习所、梧州筹设缫丝厂，各县遍设习艺所、模范工厂。然以全省之大，工厂仅止此数，无济于事。这也是全国各地普遍存在的现象。尽管如此，清政府这一举措，毕竟还是积极的，毕竟还能收到一点效果，从这点上说，还是值得肯定的。正因为如此，民国成立以后，工艺局之类时有开办。

2 土地！土地！

尽管清政府致力于推广“工艺”，积极寻求解决流民问题的办法，但只能收到“治标”之效而不可能从根本上解决这一社会问题。要解决流民问题，无论晚清政府还是民国政府，应该把视角转向广大的中国农村。

流民问题，主要因为农村经济的经常衰退引发的，这是当时一般人的共识。既然如此，那么很自然地提出了“中国农村的出路在哪里”的问题。这个问题，到了民国时期，随着农村经济小起大落，更引起整个社会的普遍关注，从而引发了一场“中国农村的出路在哪里”的大论战。

“中国农村的出路”究竟在哪里？从解决流民问题的角度而言，要振兴农业，大力提高农业劳动生产率，提高生产力水平和土地的开发利用，挽回农村经济的衰势。中国是传统的“以农立国”的国度，“民食”

问题至关重大，“民食”问题的解决，当然要依靠农业的发展。农业生产率提高了，流民问题也就容易解决了。但要求得农业的发展，除了农业近代化、提高农民的经营素质、兴修水利、弱化大规模农业灾荒等之外，土地问题是一个不可忽视的焦点问题。

农民最渴望的是土地，这是他们的命根子。因此，在传统中国，土地问题是农民的中心问题，也是一切阶级矛盾与社会矛盾的焦点。在土地私人占有制的条件下，由于豪强地主大肆兼并土地，造成农民的无地化，使他们不得不沦为佃户和流民。这种现象的日趋严重化，随之而来的便是政治危机和社会危机的并发。历代农民起义，可以说几乎都与土地问题有关。尽管历代统治者为了王朝的长治久安往往把抑制土地兼并作为大政方针，但由于土地私有制的存在，“抑制”政策只能收效于一时。土地问题的困难局面，只有留待近代中国来收拾了。

1840 年以后的晚清政府，依然无法突破土地问题的困局，因为这个时期仍然是土地私有制盛行的时代。而且，农民的背井离乡，与农民的无地少地有很大关系。如前面所说，在流民群中，少地的农民、完全丧失土地的农民及佃农、农工占有相当的比重，他们自然不能企盼清政府来解决他们的土地问题，但在晚清腐朽黑暗的私有制社会里，却也闪过“有田同耕”的光点，这就是太平天国的《天朝田亩制度》的颁行。

1853 年初，太平军沿江东下，一举攻克金陵（南京），改名天京，作为太平天国的首都。接着，便颁布了《天朝田亩制度》这一纲领性文件。尽管《天朝田亩制度》包括了政治、经济、军事、文化等各个方面的内容，但土地问题是其核心。它规定：按人口分田，不论男妇；人多分多，人少分少，土地分9等，好丑各半，如一家6口人，分3人好田，分3人丑田；凡天下田，天下人同耕，此处田不足，则移往彼处，彼此相通。太平天国的目标就是要建立一个有田同耕，有饭同吃，有衣同穿，有钱同使，无处不均匀，无人不饱暖的理想社会。然而，理想归理想，现实是现实，理想和现实之间有时候存在着巨大的差距。且不说绝对平均主义具有空想性，任何社会都不可能实现；且不说战争环境不能给这一政策提供实施的条件，就是“有田同耕”本身还有许多前提条件，如要进行人口普查，把参与分配土地的所有人员的年龄、性别、住地一一弄清并登记入册；要把所在地区的土地面积、方位、按产量高低分成九等，一一弄清并登记入册；要广泛宣传《制度》中所规定的各项方针政策，力求家喻户晓，以期其自觉配合人口普查和土地丈量工作；还需要培训人员，由一批经过专业训练具有相当政策水平和专业知识的人员组成工作队，分期分批完成土地分配工作。所有这一切，太平天国当局都没有也没条件很好地去做。这也意味着《天朝田亩制度》所许诺的“有田同耕”只能成为一纸空文。

太平天国当然不是把着眼点放到解决流民问题上，事实证明，《天朝田亩制度》也不可能突破土地问题的困局。随着太平天国革命的失败，《天朝田亩制度》灰飞烟灭。直到1930年代，即国民政府统治时期，土地问题的困局似乎又出现了转机。

1930年代，农村经济濒临破产，农民大量“逃脱农村”，造成严重的社会问题。于是“复兴农村”的声浪此起彼伏。国民政府也意识到要“复兴农村”，理应从土地问题着手。要解决土地问题，没有适宜的土地政策的实施，农村经济将无法收拾，流民问题就会日趋严重。所以，1930年，颁布了一个《土地法》（共334条）；1934年，由全国经济委员会、内政部及财政部合组的土地委员会，动员3000余人，对各省市土地实况做了一个比较有系统的调查；在这个基础上，1937年通过了“修正土地法原则”（共23条），进行土地政策调适。

“平均地权”和“耕者有其田”是国民政府土地政策的主要精神，如土地法起草人万国鼎所说，土地法及修正原则的立法精神，就在于采取积极有效的方法，以求达到平均地权、耕者有其田及地尽其利的目的。那么，实施情况如何呢？

先看“平均地权”。“平均地权”，众所周知，是孙中山先生解决中国土地问题的目标。1905年孙中山组织成立中国同盟会时，就以“驱除鞑（音dá）虏，恢复中华，创立民国，平均地权”为纲领。就是说，国民政府有着将孙中山先生“平均地权”的思想化为现实的意向。但是，地权应如何平均？在当时土地仍然属于私有财产，可以自由买卖的条件下，要达到平均地权的目的，有两条路可走。第一条路，宣布土地为国有，无条件没收，再重新分配，人民只有土地使用权，而没有土地所有权。换句话说，要废除土地私有制。第二条路，承认土地私有，由政府出钱征购土地，然后重新分配，并立法限制土地兼并。我们知道，国民政府是以蒋介石为首的代表大地主大资产阶级利益的政府，要走第一条路，废除土地私有制，触动地主阶级的利益，这是难以设想的。所以，国民政府的《土地法》第二章第七条就规定，中华民国领域内的土地，属于全体中华民国国民，其经国民依法取得所有权者，为私有土地。就是说，国民政府承认土地私有制度，保护土地私有制度。因此，要达到平均地权的目标，只剩下一条路可走，那就是征购土地。但当时国民政府的财力，大多耗在了反人民的内战上了，财政困难，不可能全面征购大土地所有者的土地再重新分配。退一万步说，就是财政不成问题，要征购土地与重新分配土地，在技术上也是困难重重，绝不是说到做到、一朝一夕就能办成的事。根据当时的环境、条件，从丈量土地、整理地籍、出价购买，到土地重划、公平分配，是一条十分艰辛、遥远的路。如 1932 年，参谋本部陆地测量总局拟定了一项《江浙皖三省土地测量计划大纲》，打算用航空测量的方法重测江苏、浙江、安徽三省土地。根据这个计划，完成三省土地的重测，要用 45 年的时间，也就是到 1976 年以后才能实现。不言而喻，所谓“平均地权”，在当时只能是一句空话。

“平均地权”既不易推行，“耕者有其田”政策同样难以贯彻。

“耕者有其田”是孙中山先生“民生主义”的核心。对此，孙中山先生说得明白：俄国改良农业政治之后，便推翻一般大地主，把全国的土地，都分到一般农民手上，让耕者有其田。耕者有了田只对国家纳税。另外便没有地主来收租钱，这是一种最公平的办法。我们的革命，要仿效俄国这种公平办法，也要耕者有其田，才算是彻底的革命。国民政府当然不可能采取急风暴雨式的革命手段来消灭地主阶级，把土地从地主手中夺回来分给老百姓，让耕者有其田，而是要用渐进的或和平的途径来达到这一目的。要用温和的方式来实现耕者有其田的目标，在当时也有两条路可走：第一条路，扶植和造就自耕农，使他们不至于沦为佃农或流民；第二条路，改善租佃制度，使佃农有成为自耕农的可能。对前者，应该有这样几个前提才有可能见效：即必须有足够且尚待分配的可耕荒地，供垦殖之用；政府要有足够的资金征购大土地所有者的土地，配售给佃农和流民；强制大土地所有者出售土地。根据当时的情况，东北地区是可耕荒地最多的地区，长期以来就是流民潮的巨大“蓄水池”，但1931年日本侵略者侵入东北后，这条出路就被堵死了；财政方面，早已困难重重，捉襟见肘，加上抗日战争爆发，军费开支浩大。所以，扶植和造就自耕农的办法根本行不通。那么，实现“耕者有其田”，只有从改善租佃制度着手了。

国民政府改善租佃制度的最重要的措施就是“减租”。《土地法》规定，地租不得超过耕地收获作物总额的375‰，超过者应减为此数。而《修正土地法原则》则规定，为减轻地租负担，应明定地租最高额为登记后地价的8%，但佃农或其他承租人得按照习惯以农产物代缴。这就与《土地法》的规定很不一致。这样一来，许多地方实际上不是在减租而是要加租了。而且，土地所有人每年能够获取8%的利息，无异于鼓励地主增加土地、兼并土地，谁还愿出售土地让肥水外流呢？这就与渐次达到耕者有其田的目的相违背了。实际上，国民党政府的“减租”政策从来没有很好地施行过。如在此之前的“二五减租”，刚一出笼，即宣告失败。

土地问题，涉及的面很宽广，凡土地分配、土地利用、租佃制度、土地政策、地价、田赋等等，无不包含其中。就从上面所说的“平均地权”和“耕者有其田”两个最主要的方面来看，就可以肯定地说，国民政府没有也不可能突破土地问题的困局，挽救农村经济的衰退，解决相关的流民问题，当然只能是空话。从近代中国的国情来看，要实现“平均地权”和“耕者有其田”的目的，孙中山先生所说“推翻一般大地主”，实行土地的重新分配，应该说是一种最切合实际的选择。这一历史性任务，只有靠无产阶级及其政党中国共产党来完成了。

3 农村工业化之梦

“中国农村的出路在哪里？”随着1930年代农村经

济的濒临破产，这个呼声已经喊遍了全国。“农村复兴”运动由此而兴起。教育的、经济的、政治的“出路”方案纷纷出台，并进行种种实验，掀起一股“中国农村建设运动”（简称乡建运动）的浪潮。无论哪种方案，都有其出发点和所要达到的目的，都有其理论基础，也都有其实现的手段。例如山东邹平的乡村建设运动是以“社会秩序的维持或再建”为出发点，以“乡村文化的第三条道路之开辟”为终极目的，以“观念的伦理之现实化”为哲学中心，以“训练及组织民众”为主要手段；河北定县平教会是以“农村经济底现代化之发展”为动机，以“民族改造之完成”为终极目的，以“教育万能主义”为理论中心，以“平民教育之普及运动”为基本手段；华洋义赈会领导下的农村合作化运动是以因羡慕“大经营之优越”而要求小生产者的“自动的结合”为动机，以“农村经济社会化的发展”为终极目的，以乌托邦的社会主义为理论基础，以“推广农民的合作组织”为基本手段的。其他尚有以“促进农业生产”为出发点，以“发展农村经济”及“增进农民生活”为终极目的，以“改进生产技术”及“农产品”为基本手段的许多“农业学术机关”的乡村工作。无论哪种方案，都偏执一端，也都有一些合理性。对种种探寻中国农村出路的方案，我们不作全面叙述。这里，我们就与流民问题的解决密切相关的“农村工业化道路”的取向说长道短。

农村工业，当时又称乡村工业、乡土工业、家庭工业等，相对城市工业而言，有它特定的含义。如费孝通先生所说的那样，城市工业和农村工业的区别，在那个时代就是大规模的机器生产和小规模的手工生产的区别。手工生产是农村工业的特点，从经济功能上看，可以说是在农闲的基础上用来解决农民生计困难的工业，是一种“副业”经营形态。既然称其为“工业”，很自然，不会排斥机器的使用。

农村工业化的兴起，主要目的就是要解决日益严重的流民问题。1934 年，一位名叫戴乐仁的英国人在中国社会问题讨论会的年会上，根据自己的调查研究发表意见说，中国 15 岁至 55 岁的农村人口，每年至少有 5500 万人是失业的。要解决这一严重的社会问题，只有走农村工业化的道路。他认为，在当时的中国，提倡农村工业，绝不是“开倒车”，更不是走错路。把农村原有的手工业用科学的方法加以整理，然后在这个基础上创办新工业，利用当地的资源，抵制外来商品，直接谋求农民生活水平的提高，间接增强国家的经济实力。原则是先从小处去着手，一步步地改良。可以先介绍、引入极简单的机器，既节省费用，又比较有利，逐渐换为比较复杂的机器。这种方式，既适合农民简单的头脑，又为其力所能及，完全可以办到，所以，倡办伊始，这是再好不过的了。有些人一提起“农村工业”来，往往把它和“古老”、“陈旧”、“腐败”等同，其实这并不是 18 世纪那种古董式的老套儿，而是要把现代化机器生产的方式与技术，介绍到农村，重新造成一种现代化的农村新工业。它也许是以一家为范围的手工业，也许是以一村为区域的小作坊，也许是联合数村而成的制造厂。不过要注意的却不是范围的问题，而是效能的问题。

在戴乐仁看来，理想的农村工业，要具有下列几个特征：农村工业是利用农闲期间，为失业者、无业者的劳动而设的；农村工业的兴办，要切合农村的实际情况，以科学的实验作根据；农村工业要依据合作的原则组织起来，购买、运销，都遵循合作的原则，使农村居民都能得到城市中大规模的工业所能得到的利益。

发展农村工业，未尝不是复苏农村经济，解决流民问题的一个途径。问题是，如何兴办农村工业？如何将农业与工业融为一体？理想的农村工业在当时有没有实现的可能？资金问题、技术问题如何解决？农村工业产品有没有竞争能力？所有这些都没有给以明确的、令人信服的回答。正因为如此，农村工业化道路能否走得通，该不该提倡就引起激烈的争论。反对者认为，在中国工业未发展到相当高的阶段，允许农村中有一部分家庭工业的存在，但这也不过是向机械化的过渡阶段。所以各种家庭工业迟早总会打起这样的丧钟，就是让机械来把它变为在技术上没有用的东西。不管农民如何增加劳动强度，如何压低他们的生活水平，想在和机械的竞争上不致落后，但竞争的结果，悲惨的命运还是会降落在他们头上的。

不管怎么说，从安置农村剩余劳动人口、解决流民问题的角度而言，发展农村工业应该是一种选择：

可以解决流民的出路问题，可以增加农民家庭的收入，可以减轻流民对城市的压力，可以为农村走出传统、实现农村城市化创造条件……可以列出许多项。但是，在当时，所谓“农村工业化”，只能喧腾于报章杂志，即便个别地方作过“实验”，也收效甚微。这是因为，近代中国农民，大多处在贫困线以下，正是由于贫困之鞭的驱使，他们才背井离乡，游食四方。而兴办农村工业，首先需要资本，农民连衣食都很困难，哪来余资兴办工业？这是其一。农村工业自然要立足于农村，特别是原料的供应，几乎完全依赖农村，这就决定农村工业的发展，要以农村经济的发展为前提。在农村经济濒临破产的前提下，去走农村工业化的道路，只能是异想天开。这是其二。其三，当时提倡的“农村工业”，是以手工劳动为特征的，与传统的家庭手工业有许多相似之处。对传统家庭手工业在外国资本主义商品倾销下的悲惨命运，正如时人所说，中国农村固有的家庭工业，早已被资本主义的商品所冲垮、吞没。在各业趋向大工业的时代，还要想提倡零零碎碎的手工业来和工业商品相抗争，这无异于螳臂当车，失败是当然的。这好比独轮车和机器化的火车相竞赛，不论独轮车如何努力前进，落伍是应有的结果。

如果把现代机器引入农村，开办合作工厂，又会出现怎样的情形？“江村”模式就是一个典型的例子。

“江村”位于长江下游，坐落在太湖东南岸，距上海 80 英里。新中国成立前我国著名社会学家费孝通先生多次到这里调查访问，写出了《江村经济——中国农民的生活》这部名著。对江村开办合作工厂、走农村工业化道路，费孝通先生调查得出的结果是：现代机器引进农村，使有缫丝机的家家户户发生了一个新的劳动工具的利用问题。在过去，这个村庄至少有350名妇女从事缫丝工作。现在开办了工厂，同等量的工作，不到70个人就可以轻而易举地担负起来。这一改进对农村经济意味着什么呢？将近300名妇女失去了她们的劳动机会。“失业”的问题引起了比较广泛的反响——根据男女性别不同的传统分工（即男耕女织）仍然不变，但农田面积狭小，要把妇女劳力引向田地是不可能的。然而，也没有引进新的工业来吸收多余的妇女劳力。

江村是经济发达的江南太湖流域的一个乡村。机器引进农村经济的结果，反而造成突出的“失业”问题。而且这个得自政府扶植的“合作工厂”，也很快垮了。由此可以想见，在近代中国特殊的历史条件下，“农村工业”面临的是两难境地。

尽管农村工业化道路在近代中国没有走通，但并不是说“农村工业化”本身有什么重大缺陷。在农业中国，要实现农业劳动人口的转移，包括流民问题的解决，实现农业自身的转型，实现农村的城市化，“农村工业化”是必由之路。党的十一届三中全会以来遍地而起的“乡镇工业”，就是农村工业化的一种形式，事实证明，确是解决农村剩余劳动人口出路的较好办法。目前所搞的农村工业化还不成熟，仍然存在许多问题，资金、技术、人才、管理方式、经营方式等等，都存在着缺陷。“理想的农村工业”应该具有什么样的特征，看来还是值得我们认真思索、探讨的重要问题。

4 重工派的理想

在“中国农村的出路在哪里”的问题的争论中，主张发展城市工业以救济农村、解决流民问题的理论格外引人注目，这就是重工派的理论。

重农、重工的争论，说起来从1920年代就开始了。到了30年代，由于受到世界经济危机的严重冲击，中国农村日益凋敝，这个问题的争论也就达到了高潮，直到40年代，这个问题还不时提出来加以讨论。

重工派以吴景超、张培刚、袁聘之等人为代表。他们主张发展工业特别是城市工业的理由有很多：对外主张发展民族工业，杜绝洋货的源源侵入，制造武器弹药，以期战胜强敌，求得民族的解放；对内则救济农村，解决流民问题。在袁聘之阐发的重工派的四大理论要点中说道，中国农村经济之所以日趋破产，乃是生产率下降，收入减少，农民失业所致。而生产率降低，收入减少，农民失业，又基因于农产品销路狭窄。农产品没有销路，更基因于民族工业不发达。民族工业不发达，原料需要就不可能增多。所以积极发展民族工业，原料的需要增多，开辟农产品的销路，吸收农村中失业无业流民，实为解救中国农村经济的良药。

发展资本主义工商业，特别是工业，吸引农村人口向城市集中，逐渐实现社会经济的转型，这是世界各发达国家所普遍遵循的道路，英、法、美都是大力发展资本主义工商业，吸引农村人口向城市转移，从而实现社会经济转型的典型，日本、德国等国也不例外。就近代中国而言，要求得流民问题的根本解决，必须充分发展资本主义工商业。这一点是确定无疑的。发展资本主义工商业，可以吸收农村破产失业的流民及其他剩余劳动人口。同时，资本主义工商业有了一定的发展，对农村经济的发展提出要求，特别是对技术、园艺作物的生产是一个刺激、推动，如棉纺织工业的发展促进棉花的种植，丝织工业的发展带动蚕桑事业的发展，卷烟工业的发展引起烟草种植的扩大，面粉工业的发展刺激小麦种植的增加，如此等等。不难设想，如果资本主义工商业能够得到充分的发展，那么势必带来大农业的发展，农业发展了，农民生活条件得以改善，可使农民安居乐业，从积极意义上说，农民可以进行正常的分化与流动，不断流向工商部门。当然，这仅仅是设想。

近代中国，因农村经济日益衰退、农民大量“逃脱农村”而造成了流民问题。既然农村本身无法解决流民问题，寄希望于城市理所当然为人所关注了。重工派的重要代表人物吴景超在他的《中国移民之趋势》一文及《都市社会学》的著作中，反复强调“都市集中”的时代意义。他说，中国社会的毛病，在于大多数人民都从事农业，因为大多数的人民都集中在耕种这一业上，所以土地被分割得零零碎碎，农场小得可怜。据调查，中国北部农场平均只有26亩；南部农场平均只有9.5亩，这样小的农场，无论耕者如何劳苦，一年的收获总是有限的。一家人想靠10亩田来提高生活水平是做不到的事。农民想靠10亩田收获的盈余去送子女上大学，也是一个梦想。为今之计，只有劝那只有10亩田的农民，把那小得可怜的农场卖掉，然后搬到城市中去工作，留在乡下的农民便可以把田买下，扩充他的农场。这是一种自然趋势。那么，要让农民搬到城市中去工作，包括众多流民的出路问题，必然要求发展工商业。他接着说，发展中国的工业，以及与工业有关的矿业、商业、交通运输业，换句话说，发展中国实业，走城市化的道路，使依附于小块土地上的农民、流民，以及一切游手好闲的人，到城市中追寻生活，这是救济中国人口过剩、解决流民问题的一个极好的方法。如果各省都能发达实业，流民问题便不难解决。城市膨胀，便是实业发达的象征。欧美就是如此。所以，我们对于中国人口的集中城市，不必大惊小怪。这是势所必至，理所必然，是值得欢迎的事。

但吴景超的重工理论，只能是一种理想，在近代中国的现实面前，这种理想无可奈何地破灭了。

在近代中国，民族资本主义工商业不可能得到充分、健康的发展，这是大家都知道的，我们前面也说过，流民现象之所以会发生“病变”，这是一个主要的原因。不仅如此，近代工业一定程度的发展，一方面固然加速了自然经济的解体，但另一方面造就出更多的失业农民，就是说，近代工业的发展同样面临着两难的境地。而且，资本主义工商业能否取得发展，发展程度如何，还取决于国内市场。农民大量逃脱农村，当然为资本主义工商业的发展提供了源源不绝的廉价的劳动力，同时也创造了国内市场。正如马克思所说，“一部分农村居民的被剥夺和被驱逐，不仅为工业资本游离出工人及其生活资料和劳动材料，同时也建立了国内市场”。事实很明显，以前，农民家庭生产并加工绝大部分供自己消费的生活资料和原料，随着自然经济的解体，这些原料和生活资料都变成了商品，农民不得不日益与市场联系起来。但是，中国国内市场大众的购买力，因农村经济的经常衰退、农民日益贫困化而疲惫不堪，当时有人对各主要国家入口额作过比较，发现中国平均每人每年仅占入口货物国币 2.9 元，每月不过 2 角，较之英国（合当时中国货币数 233.6 元，下同）、法国（130.7 元）、德国（74.1 元）、美国（44.2 元）、日本（28.7 元）等国，简直不可以道里计。中国大众购买力的急速下降，给中国工业品的市场宣告了死刑，制成的工业品无法脱售，生产利益无由实现，再生产的继续就不可能维持。中国幼稚的民族工业衰败没落，这是很重要的原因。

民族资本主义工商业得不到充分发展，除了资本、技术、购买力下降等因素外，主要还在于帝国主义的毒焰。著名经济学家千家驹在对重工理论进行批评时，尖锐地指出，在半殖民地半封建的政治经济条件下，我们凭什么来工业化？近代重工业的基础是煤铁和石油，自东北沦亡，占全国石油储量52%、铁储量79%、煤储量2%（产量则为36%）的东北丧失，就全国来说，有1/4以上的中国铁路、3/4以上的中国铁苗、1/2以上的中国矿产，都在外国人的掌握中，要说建设中国的重工业，在帝国主义者的铁腕未拿开以前，简直是梦想！至于轻工业，因受外厂的压迫，停工时闻，倒闭迭见，岌岌可危。所以，在没有彻底消灭帝国主义者及封建残余势力之前，一切发展工业的计划都谈不上。

在近代中国，由于受到外部条件和内部环境的制约，民族资本主义工商业不可能得到充分发展，企盼通过发展民族工商业来解决流民问题的理想化方案，只能付诸东流。

重工派理论既有一定的空想性，又具有一定的现实性。相对于近代中国的现实而言，它是空想的。但重工派着眼于世界大势，描绘近代中国社会经济的发展蓝图，这是值得肯定的。而且，近代中国的历史表明，工商业发展的速缓与吸收农村剩余劳动人口数量的多寡是一致的，如果没有外部条件和内部环境的制约，充分发展工商业，充分吸收"逃脱农村"的流民，进而实现由农业国向工业国的转型，也不是没有可能的。

总而言之，尽管重工派的理想在近代中国没有实现，但其结论并没有错。要解决流民问题，归根到底要实现农村劳动力的转型，因此必须充分发展城市工商业，这是人口城市化、农村城市化的客观要求，是势所必至，理所当然的。现在如此，将来也是一样，直到完成由农业社会到工业社会的转型。这样说，并不意味着可以将农业搁置一边，在一定时期内，农业要求优先发展。但要实现经济社会转型，必须发展城市工商业，总的趋势是这样，这是解决流民问题，实现农村劳动力转移，实现工业化的最佳途径。早在1940年代，毛泽东同志就预言，将来还要有几千万农民进入城市，进入工厂。如果中国需要建设强大的民族工业，建设很多的现代化大城市，就要有一个变农村人口为城市人口的长过程。

结语：生活的曙光

流民问题是困扰近代中国的严重的社会问题。要解决这一社会问题，必须消除外部环境和内部条件的制约因素。经过长期艰苦的斗争，中国共产党领导人民推翻了帝国主义、封建主义和官僚资本主义的压迫，取得了中国革命的彻底胜利。这就为流民问题的最终解决，创造了条件。

中国是一个农民大国。农民问题是中国革命的基本问题。要最终解决流民问题——把农民从土地上解放出来，首先要让他们回到土地上，真正使“耕者有其田”，这是第一大步，这是农民大国的国情特点决定的，否则的话，把农民从土地上解放出来，将无从说起。

中国共产党诞生后，在血雨腥风的斗争实践中认识到，中国革命的实质就是农民革命。要动员农民参加革命、支持革命，就必须满足农民想得到土地的愿望。中国共产党为此作出了不懈的努力，终于使孙中山先生的宿愿变成了现实。

还在第一次国内革命战争时期，中国共产党就在湖南、广东、江西、湖北、河南等地广泛开展农民运动中涉及了土地问题。1927～1936 年的第二次国内革命战争中，土地问题的斗争更加激烈。土地革命，是这个时期革命的主要形式，也是它的主要内容。从 1927 年秋收起义开始，先后在 10 多个省发动武装起义，开辟了赣南、湘赣、湘鄂赣、闽西、闽浙赣、鄂豫皖、洪湖、湘鄂西、右江等革命根据地。在各革命根据地里，广泛开展“打土豪，分田地”的斗争，还颁布了《井冈山土地法》（1928 年 12 月）、《兴国县土地法》（1929 年 4 月），施行“耕者有其田”政策，大大推进了土地革命的进程。抗日战争爆发后，中国面临着严重的民族危机，抗日救国成为压倒一切的大事。为动员一切力量争取抗战的胜利，中国共产党把第二次国内革命战争时期的没收一切公共土地及地主阶级土地的土地政策，调整为减租减息政策。1937 年 8 月 25 日，中共中央发表了《十大救国纲领》，正式提出了减租减息政策，各抗日民主根据地和解放区广泛开展了减租减息运动。通过减租减息，减轻了地主对农民的剥削，提高了农民抗日和生产的积极性。同时，农民交租交息，地主仍有一定的经济地位，这就把一切可以团结的力量争取到抗日救国的民族伟业之中。

抗日战争胜利后，广大农民迫切要求废除封建剥削，解决土地问题。1946 年 5 月 4 日，中共中央发出《关于清算减租及土地问题的指示》（即“五四指示”），拥护农民一切正当的主张，决定把抗日战争时期的减租减息政策转变为没收地主的土地分配给农民的政策。《指示》号召各地党委，必须以最大的决心和努力，放手发动与领导群众运动来完成这一历史任务。1947 年 7 月 17 日至 9 月 13 日，中共中央工委在河北省平山县西柏坡村召开全国土地问题会议，通过了《中国土地法大纲》。《大纲》明确规定，废除封建性及半封建性剥削的土地制度，实行耕者有其田的土地制度。《中国土地法大纲》的公布，推动了解放区土地改革运动进一步广泛深入地展开，到 1948 年底，解放区的 1 亿农民获得了土地。土地改革的胜利，加强了工农联盟，这是人民解放战争取得胜利的重要保证。

新中国成立后，一方面颁布《中华人民共和国土地改革法》，大张旗鼓进行土地改革，到 1952 年就基本上消除了统治中国数千年的封建土地剥削制度。另一方面，采取切实可行的措施安辑流民，使 1949 年水灾造成的 4000 万灾民度过了灾荒。同时，实施《救济失业工人暂行办法》，使城市中 400 万失业人员重新获得了职业。

废除封建剥削的土地制度，使“耕者有其田”，毫无疑问是一次亘古未有的伟大革命。从解决流民问题的角度而言，我们完全有理由说，中国共产党成功地解决了这一困扰近代中国的严重社会问题。中国农民迎来了生活的曙光。

但是，从历史发展的长远眼光来看，让农民回到土地上，只能是一种“过渡”形态，把农民从土地上解放出来，才是最终目的。这是因为，农村人口就业份额的不断下降，或者说农村人口不断减少、城市人口不断增加，是世界各国经济发展的主线。中国要实现国民经济工业化和农村城市化的目标，也不能例外，这是大势所趋。如果说让农民回到土地上是一场伟大的革命，那么把农民从土地上解放出来，同样是一场伟大的革命。根据中国人口大国的国情特点，最终解决流民问题的第二大步——让农民走出土地所经历的历程，对中国共产党来说，更为漫长，更为艰辛。

把农民从土地上解放出来，要靠农村、城市共同来实现。对农村方面来说，要大力提高农业劳动生产率，造成农业劳动人口的大量剩余；对城市方面说，要大力发展工商业，特别是轻工业和第三产业，造成对劳动力的大量需求，吸引农民向城市集中；而中间环节应该是农村工业化道路。但长期以来，实行城乡隔离政策，形成“城市工业，农村农业”的产业分布格局，由此造成许多不良后果。举例来说，随着人口的快速增长，使劳动力和生产资料的结合出现严重不平衡：有资料表明，1952 年到 1988 年，我国耕地面积由 15 亿亩下降到 14 亿多亩，而人口却从 5.7 亿增加到 11 亿，人均耕地由近 3 亩下降到 1.33 亩，人多地少的矛盾更加突出；在相当长的一段时间里，我们强调了发展农业，这并没有什么不对，但把“以粮为纲”绝对化，却限制了多种经营的发展，堵死了农村就业的门路；人多地少，单一的农业生产结构，不仅加大了农业的内耗，降低了农产品商品率，使中国农业停留于“糊口农业”的水平上，而且造成农村劳动力的“隐蔽性失业”。一般估计，农村常年剩余劳动力大约占到农村劳动力的30%，而季节性剩余则达到50%，造成了劳动力资源的浪费；近代中国的历史表明，大量剩余劳动力的严重堆积，往往成为现代物质技术投入的障碍因素。我国农业机械化程度极低，农业机械化无法成为劳动力的替代手段，原因正在于此；在实际工作中，没有处理好农、轻、重三大产业部门之间的比例关系，从第一个五年计划（1953～1957年）以后的20多年里，走的是一条以重工业、轻工业、农业为序的工业化道路，以重工业挤压农业和轻工业，形成鲜明的偏差，而重工业投资多，资金周转慢，就业门路有限，不仅不能解决农村剩余劳动力的出路问题，就连城市居民也难以实现充分就业的目标；城乡隔离，产业结构失调，使我国城市的发展徘徊在低水平线上。1950～1980年，世界城镇人口平均每年增3%，发展中国家为4%，中国仅2.7%，城市化水平低，与我国社会主义现代化建设不相适应。这些都说明，我们曾经走过弯路。封闭的格局一经打破，多年潜伏下来的“隐蔽性”失业大军，就会形成“爆发性”冲击波，令人感到措手不及。1980年代末以来的民工大潮，其真实的内容就是农村的隐蔽失业在城市的公开化。

民工潮的泛起，并非历史的延续，也并非与历史绝无联系。

农村经济的衰退可以引发流民潮，农村经济的发展同样可以引发民工潮。1980年代民工潮的泛起，就是改革开放带来的巨大成果。党的十一届三中全会制定了改革开放的基本国策，提出了社会主义初级阶段和发展社会主义商品经济的理论；在农村率先实行了以家庭经营为主要形式的联产承包责任制，并推广到城市工矿企业；在城市也相继进行了经济体制改革，并允许务工、经商、办服务业的农民自理口粮到集镇落户。封闭了30多年的人口格局终于被打破。于是，成千上万的农村剩余劳动力从田野里走出来，涌向城市去找寻就业的出路，去追寻新的生活。这与近代中国历史条件下涌起的流民潮，当然不能同日而语。但是近代中国并没有完成社会转型，农业走出传统、农村工业化之梦、城市工商业充分发展的理想，理所当然要在当代中国改革开放条件下来实现。

民工潮的泛起，应该承认，来得太迟，迟到了几十年；又由于几十年的积压而又来得太突然、太凶猛，也由此引发了许多似曾相识的负面影响，如交通拥挤、供应紧张、城市人口过度膨胀、职业结构畸形、丑恶现象蔓延、社会犯罪率上升、人口控制困难、精壮劳动力流失影响农业生产、耕地弃耕等等。但其积极影响则更为显著，这是有目共睹的。农民进城，不仅促进了城乡社会经济的发展，而且有利于改变我国的产业结构和城乡结构，有利于文化的交流，有利于提高全民族的人口素质，有利于解决农村剩余劳动人口的出路问题……

民工潮的泛起，是我国社会主义现代化过程中必然伴生的现象，是一股进步的时代潮流。国家应从社会经济发展的长远利益出发，给予必要的调节与控制，充分发挥其推动社会主义商品经济发展的积极的一面而将其造成的负面影响减到最低限度。党和政府在这方面已作出很大努力，学术界也提出许多良好建议，如进一步挖掘农业内部吸收劳动力的潜力，发展乡镇企业，实现农村劳动力就地转移、开发第三产业吸收剩余劳动力的潜力，打开城门双向流动，开拓国际劳务输出门路，开放劳务市场，完善劳动力转移机制，推行各种形式的就业制度，提高农民素质等等。我们可以自信地说，中国农民的生活将会更美好。

参考书目

1. 李文治编《中国近代农业史资料》第1辑，三联书店，1957。
2. 章有义编《中国近代农业史资料》第2、3辑，三联书店，1957。
3. 冯和法编《中国农村经济资料》，（台湾）华世出版社，1978。
4. 汪敬虞编《中国近代工业史资料》，科学出版社，1957。
5. 彭泽益编《中国近代手工业史资料》，三联书店，1957。
6. 周谷城著《中国社会史论》，齐鲁书社，1988。
7. 陈家骥主编《中国农民的分化与流动》，农村读物出版社，1990。
8. 姜涛著《中国近代人口史》，浙江人民出版社，1993。
9. 行龙著《人口问题与近代社会》，人民出版社，1992。
10. 池子华著《中国近代流民》，浙江人民出版社，1996。

《中国史话》总目录

系列名	序 号	书 名	作 者
物质文明系列（10种）	1	农业科技史话	李根蟠
	2	水利史话	郭松义
	3	蚕桑丝绸史话	刘克祥
	4	棉麻纺织史话	刘克祥
	5	火器史话	王育成
	6	造纸史话	张大伟　曹江红
	7	印刷史话	罗仲辉
	8	矿冶史话	唐际根
	9	医学史话	朱建平　黄　健
	10	计量史话	关增建
物化历史系列（28种）	11	长江史话	卫家雄　华林甫
	12	黄河史话	辛德勇
	13	运河史话	付崇兰
	14	长城史话	叶小燕
	15	城市史话	付崇兰
	16	七大古都史话	李遇春　陈良伟
	17	民居建筑史话	白云翔
	18	宫殿建筑史话	杨鸿勋
	19	故宫史话	姜舜源

系列名	序 号	书 名	作 者
物化历史系列（28种）	20	园林史话	杨鸿勋
	21	圆明园史话	吴伯娅
	22	石窟寺史话	常 青
	23	古塔史话	刘祚臣
	24	寺观史话	陈可畏
	25	陵寝史话	刘庆柱 李毓芳
	26	敦煌史话	杨宝玉
	27	孔庙史话	曲英杰
	28	甲骨文史话	张利军
	29	金文史话	杜 勇 周宝宏
	30	石器史话	李宗山
	31	石刻史话	赵 超
	32	古玉史话	卢兆荫
	33	青铜器史话	曹淑芹 殷玮璋
	34	简牍史话	王子今 赵宠亮
	35	陶瓷史话	谢端琚 马文宽
	36	玻璃器史话	安家瑶
	37	家具史话	李宗山
	38	文房四宝史话	李雪梅 安久亮

系列名	序号	书名	作者
制度、名物与史事沿革系列（20种）	39	中国早期国家史话	王　和
	40	中华民族史话	陈琳国　陈　群
	41	官制史话	谢保成
	42	宰相史话	刘晖春
	43	监察史话	王　正
	44	科举史话	李尚英
	45	状元史话	宋元强
	46	学校史话	樊克政
	47	书院史话	樊克政
	48	赋役制度史话	徐东升
	49	军制史话	刘昭祥　王晓卫
	50	兵器史话	杨　毅　杨　泓
	51	名战史话	黄朴民
	52	屯田史话	张印栋
	53	商业史话	吴　慧
	54	货币史话	刘精诚　李祖德
	55	宫廷政治史话	任士英
	56	变法史话	王子今
	57	和亲史话	宋　超
	58	海疆开发史话	安　京

系列名	序号	书名	作者
交通与交流系列（13种）	59	丝绸之路史话	孟凡人
	60	海上丝路史话	杜　瑜
	61	漕运史话	江太新　苏金玉
	62	驿道史话	王子今
	63	旅行史话	黄石林
	64	航海史话	王　杰　李宝民　王　莉
	65	交通工具史话	郑若葵
	66	中西交流史话	张国刚
	67	满汉文化交流史话	定宜庄
	68	汉藏文化交流史话	刘　忠
	69	蒙藏文化交流史话	丁守璞　杨恩洪
	70	中日文化交流史话	冯佐哲
	71	中国阿拉伯文化交流史话	宋　岘
思想学术系列（21种）	72	文明起源史话	杜金鹏　焦天龙
	73	汉字史话	郭小武
	74	天文学史话	冯　时
	75	地理学史话	杜　瑜
	76	儒家史话	孙开泰
	77	法家史话	孙开泰
	78	兵家史话	王晓卫

系列名	序号	书名	作者
思想学术系列（21种）	79	玄学史话	张齐明
	80	道教史话	王　卡
	81	佛教史话	魏道儒
	82	中国基督教史话	王美秀
	83	民间信仰史话	侯　杰
	84	训诂学史话	周信炎
	85	帛书史话	陈松长
	86	四书五经史话	黄鸿春
	87	史学史话	谢保成
	88	哲学史话	谷　方
	89	方志史话	卫家雄
	90	考古学史话	朱乃诚
	91	物理学史话	王　冰
	92	地图史话	朱玲玲
文学艺术系列（8种）	93	书法史话	朱守道
	94	绘画史话	李福顺
	95	诗歌史话	陶文鹏
	96	散文史话	郑永晓
	97	音韵史话	张惠英
	98	戏曲史话	王卫民
	99	小说史话	周中明　吴家荣
	100	杂技史话	崔乐泉

系列名	序号	书名	作者
社会风俗系列（13种）	101	宗族史话	冯尔康　阎爱民
	102	家庭史话	张国刚
	103	婚姻史话	张　涛　项永琴
	104	礼俗史话	王贵民
	105	节俗史话	韩养民　郭兴文
	106	饮食史话	王仁湘
	107	饮茶史话	王仁湘　杨焕新
	108	饮酒史话	袁立泽
	109	服饰史话	赵连赏
	110	体育史话	崔乐泉
	111	养生史话	罗时铭
	112	收藏史话	李雪梅
	113	丧葬史话	张捷夫
近代政治史系列（28种）	114	鸦片战争史话	朱谐汉
	115	太平天国史话	张远鹏
	116	洋务运动史话	丁贤俊
	117	甲午战争史话	寇　伟
	118	戊戌维新运动史话	刘悦斌
	119	义和团史话	卞修跃
	120	辛亥革命史话	张海鹏　邓红洲

系列名	序号	书名	作者
近代政治史系列（28种）	121	五四运动史话	常丕军
	122	北洋政府史话	潘　荣　魏又行
	123	国民政府史话	郑则民
	124	十年内战史话	贾　维
	125	中华苏维埃史话	温　锐　刘　强
	126	西安事变史话	李义彬
	127	抗日战争史话	荣维木
	128	陕甘宁边区政府史话	刘东社　刘全娥
	129	解放战争史话	汪朝光
	130	革命根据地史话	马洪武　王明生
	131	中国人民解放军史话	荣维木
	132	宪政史话	徐辉琪　傅建成
	133	工人运动史话	唐玉良　高爱娣
	134	农民运动史话	方之光　龚　云
	135	青年运动史话	郭贵儒
	136	妇女运动史话	刘　红　刘光永
	137	土地改革史话	董志凯　陈廷煊
	138	买办史话	潘君祥　顾柏荣
	139	四大家族史话	江绍贞
	140	汪伪政权史话	闻少华
	141	伪满洲国史话	齐福霖

系列名	序号	书名	作者
近代经济生活系列（17种）	142	人口史话	姜　涛
	143	禁烟史话	王宏斌
	144	海关史话	陈霞飞　蔡渭洲
	145	铁路史话	龚　云
	146	矿业史话	纪　辛
	147	航运史话	张后铨
	148	邮政史话	修晓波
	149	金融史话	陈争平
	150	通货膨胀史话	郑起东
	151	外债史话	陈争平
	152	商会史话	虞和平
	153	农业改进史话	章　楷
	154	民族工业发展史话	徐建生
	155	灾荒史话	刘仰东　夏明方
	156	流民史话	池子华
	157	秘密社会史话	刘才赋
	158	旗人史话	刘小萌
近代中外关系系列（13种）	159	西洋器物传入中国史话	隋元芬
	160	中外不平等条约史话	李育民
	161	开埠史话	杜　语
	162	教案史话	夏春涛
	163	中英关系史话	孙　庆
	164	中法关系史话	葛夫平

系列名	序号	书名	作者
近代中外关系系列（13种）	165	中德关系史话	杜继东
	166	中日关系史话	王建朗
	167	中美关系史话	陶文钊
	168	中俄关系史话	薛衔天
	169	中苏关系史话	黄纪莲
	170	华侨史话	陈　民　任贵祥
	171	华工史话	董丛林
近代精神文化系列（18种）	172	政治思想史话	朱志敏
	173	伦理道德史话	马　勇
	174	启蒙思潮史话	彭平一
	175	三民主义史话	贺　渊
	176	社会主义思潮史话	张　武　张艳国　喻承久
	177	无政府主义思潮史话	汤庭芬
	178	教育史话	朱从兵
	179	大学史话	金以林
	180	留学史话	刘志强　张学继
	181	法制史话	李　力
	182	报刊史话	李仲明
	183	出版史话	刘俐娜
	184	科学技术史话	姜　超

系列名	序号	书名	作者
近代精神文化系列（18种）	185	翻译史话	王晓丹
	186	美术史话	龚产兴
	187	音乐史话	梁茂春
	188	电影史话	孙立峰
	189	话剧史话	梁淑安
近代区域文化系列（11种）	190	北京史话	果鸿孝
	191	上海史话	马学强　宋钻友
	192	天津史话	罗澍伟
	193	广州史话	张　磊　张　苹
	194	武汉史话	皮明庥　郑自来
	195	重庆史话	隗瀛涛　沈松平
	196	新疆史话	王建民
	197	西藏史话	徐志民
	198	香港史话	刘蜀永
	199	澳门史话	邓开颂　陆晓敏　杨仁飞
	200	台湾史话	程朝云

《中国史话》主要编辑
出版发行人

总 策 划 谢寿光 王 正

执行策划 杨 群 徐思彦 宋月华 梁艳玲 刘晖春 张国春

统　　筹 黄 丹 宋淑洁

设计总监 孙元明

市场推广 蔡继辉 刘德顺 李丽丽

责任印制 郭 妍 岳 阳